1억이
모이는
살림법

PONKOTSU 4JI KAACHAN IE O KATAZUKETARA 1000 MAN EN TAMATTA!
© Nagomy 2023
First published in Japan in 2023 by KADOKAWA CORPORATION, Tokyo.
Korean translation rights arranged with KADOKAWA CORPORATION, Tokyo
through BC Agency.

이 책의 한국어판 저작권은 BC에이전시를 통해
저작권자와 독점계약을 맺은 청림출판㈜에 있습니다.
저작권법에 의해 한국 내에서 보호를 받는 저작물이므로 무단전재와 복제를 금합니다.

우리 집에
꼭 맞는
정리 시스템
만들기

1억이 모이는 살림법

나고미 지음
이진숙 옮김

청림Life

일러두기

- 이 책에 게재된 정보는 2023년 7월의 정보입니다. 게재되어 있는 상품 및 서비스는 현재 구성이 변경되었거나 취급하지 않는 경우도 있습니다.
- 이 책에서 소개된 일본의 금융 상품이나 서비스 중 우리나라에 있는 것과 유사한 것들은 따로 각주로 첨부해 두었습니다.
- 이 책의 화폐 단위는 원서 그대로 '엔화'로 표기하였습니다.

한 그루의 나무가 모여 푸른 숲을 이루듯이
청림의 책들은 삶을 풍요롭게 합니다.

프롤로그

안녕하세요. 나고미입니다.

저는 일찍이 제2금융권을 통해 100만 엔의 빚을 질 정도로 낭비가 심한 사람이었습니다. 그랬던 제가 지금은 1,000만 엔(1억 원) 저축을 달성하게 되었고 그 경험을 살려 '재테크 정리수납 어드바이저'로서 SNS 등을 통해 정보를 전달하고 있습니다.

제가 가계 정리를 시작한 10년 전에는 지금처럼 돈에 대한 정보가 많이 없어서 자잘한 팁에만 집중했습니다. 하지만 별다른 성과는 없었죠. 그렇게 저는 2년이 넘는 시간 동안, 어떻게 돈을 모아야 하는지 갈피도 못잡고 시간만 흘려보냈습니다. 그러면서 "왜 이렇게 돈이 모이지 않을까?"라며 한탄만 하였죠. 때로는 주변에서 '얼마를 모았다'는 이야기를 들으면 괜히 시샘이 나기도 했고, 어떻게 가계를 꾸려야 할지 몰라 같은 고민만 반복하다가 스스로 지쳐 포기해 버린 적도 많았습니다.

그런 제가 1,000만 엔 저축을 달성할 수 있었던 것은 정리수납을 만나게 되면서입니다. 수많은 가계 관리에 관한 책이나 잡지를 찾아서 읽던 중, '돈을 모으는 사람의 방은 모두 깔끔하게 정리되어 있다'는 사실을 깨닫게 되었습니다. 그리고, 그것이 바로 가계의 중심이라는 것을요.

불필요한 물건을 중고거래 플랫폼에 내놓자 순식간에 팔렸고, 방이 깨끗해지는 것과 동시에 놀라울 정도로 마음까지 개운해졌습니다. 모처럼 깨끗해진 방을 다시 어지럽히고 싶지 않다 보니 물건을 살 때 더욱 신중해졌고, 쓸데없는 소비도 줄게 되었습니다. 그렇게 저축하는 습관이 자리 잡으면서 자연스럽게 저축 속도도 빨라졌지요.

가계 관리와 정리 사이에 밀접한 관계가 있다는 것을 몸으로 체감한 것입니다.

"넓은 집에 살면, 깔끔한 것은 당연하지 않나요?"
"늘어나는 아이들의 물건 때문에, 정리를 할 수 없어요."
"수입이 많으니 저축도 가능한 거죠."
"우리 집은 남편이 도와주지 않아서 무리예요."

과거의 저와 같이 이런 고민을 해본 적 있는 분들을 위해 이 책을 쓰게 되었습니다. 돈을 모으면서도 편하게 생활하는 방법이 없을까 고민했던 저의 마음에서 시작된 것이, 이 책에서 소개하는 아이디어들입니다. 쉽게 따라 할 수 있으면서도 효과는 만점이랍니다. 이제 여러분도 돈을 저축할 수 있는 생활을 시작해 보지 않으시겠어요?

우리 가족 프로필

6인 가족 17평 월세 생활!

나고미(38)
재택근무

여유만 생기면 만화책을 읽거나 애니메이션을 보고 싶은, 아이들보다 아이 같은 엄마. 행동력의 원천은 '어떻게 하면 만화 읽을 시간을 확보할 수 있을까'. 마음 먹으면 바로 직진 돌파하는 스타일.

첫째 아들(10)
초등학교 4학년

입으로 낳은 게 아닐까 싶을 정도로 수다쟁이. 첫 만남에서 바로 친구가 되어버리는 사교천재. 책 읽기를 아주 좋아하고, 매일 어디선가의 깨알지식을 알려주는, 우리 집의 걸어 다니는 백과사전.

딸(5)
유치원생

우리 집의 유일한 공주! 엄마, 아빠, 오빠들을 손에 넣고 가족들의 시선을 뺏는 모습은 온 가족의 사랑을 받기 충분하다.

남편(37)
요식업

이야기를 듣지 않는 것 같으면서, 다 듣고 있는 우리 집을 지탱하는 기둥. 가족들의 사소한 것들까지 기억하고 있어서, 서프라이즈로 사람을 기쁘게 하는 것이 특기. 요즘 체형이 신경 쓰이기 시작했다.

둘째 아들(9)
초등학교 3학년

우리 집 분위기 메이커. 유머 감각이 출중해서, 웃기는 것으로 가족들의 복근을 키우는 데 큰 역할을 해주고 있다. 막내를 돌보는 일, 요리 등의 가사를 돕는 능력은 형제들 중에서 가장 출중하다.

막내 아들(1)
어린이집 영유아반

세상 모든 것에 호기심이 가득! 한번 흥미를 느끼면 무슨 일이 있어도 해보고야 만다. 세 끼의 밥보다 안기는 것을 좋아하고, 특기는 웃음으로 가족들이 맥을 못 추게 말랑말랑 녹이는 것이다.

정리하고, 저축한다!

6:00	기상
6:30	아침식사
7:00	빨래(1회째)
7:30	초등학생들 등교
8:00	남편과 딸 배웅
8:00-9:00	막내 어린이집 등원
9:00- 12:00	일
12:00	휴식(~오후 1시 반경, 반찬 만드는 날은 장보기와 음식 만들기)
13:00	일
15:30-16:00	초등학생들 귀가
	숙제 등을 봐주면서 17시까지 일
17:10	막내 어린이집에서 귀가
17:30	딸 버스로 귀가
	첫째, 둘째 아들에게 욕실의 욕조 청소를 부탁
18:00	목욕, 빨래(2회째)
19:00	저녁식사
20:00	세탁물 뷔페(p.177) 후
	남은 세탁물 정리
21:00-22:00	취침
22:00	남편 귀가, 설거지는 남편에게 부탁

> 식구들 아침 배웅으로 폭풍 같은 아침도 일단락. 자, 일해야지!

> 정신없는 하루였지만, 아이들과의 소중한 시간~ 모두 사랑한다! ♥

가계부 Before & After

BEFORE 저축이 없던 시기 (3인 가족)

수입	월 325,000엔
실수령액	310,000 (보너스 없음)
자녀수당✦	15,000

> 돈을 모으지 못하고 버는 족족 써버린 시기. 아이들도 있는데 어떻게 하지?

지출	월 324,480엔
주민세	18,000
국민연금(2인)	30,500
남편 교통비	6,000
월세	96,000
수도, 난방비	15,000
통신비(핸드폰2인, 인터넷 비용)	21,980
육아교실	15,000
보험	22,000
정기적 화장품 구매	10,000
정수기	10,000
남편 용돈	30,000
카드비	15,000
변동지출비(식비, 생활용품비, 주유비, 레저, 외식, 그 외 생활비)	35,000

저축 | 월 0엔

자산 | 0엔

> 이런 상황에서도 어떻게든 3만 엔을 저축한 적도 있지만, 결국은 생활비가 부족하여 저축했던 3만 엔을 고스란히 뽑아 사용했습니다.

✦ 자녀수당(0세~만18세까지) | 자녀양육 수당으로, 1인당 월 1만 엔(3세미만 1만5,000 엔)이 지급된다.
(자녀 3명이상부터는 월 3만 엔)

가계부 Before & After

AFTER 현재(6인 가족)

수입 ㅣ 월 560,000	
실수령액	남편 360,000(보너스 연 20만 엔)
	부인(나) 150,000(보너스 없음)
자녀수당	50,000

> 집과 가계를 정리한 덕분에 쓸데없는 낭비가 줄어들어서, 지출액은 3인 가족이었을 때와 크게 차이 나지 않는다. 저축목표금액은 4,000만 엔!

지출 ㅣ 월 360,000(예비비 포함)	
월세(주차비 포함)	88,910
수도난방비	25,000
핸드폰 비용(2인)	5,700
보험료(2인)	8,873
자녀교육비 4인(보육, 급식, 학습 비용)	73,000
남편 용돈	20,000
부인 용돈	5,000
OTT 서비스	500
특별지출비 적립	50,000
변동지출비(식비, 생활용품, 주유비, 레저, 외식, 그 외 생활비)	75,000+예비비

저축 ㅣ 월 200,000	
부인(나)의 수입전액+자녀수당(+보너스)	

> 라쿠텐 포인트를 써서 생활비가 줄어드는 달은 예산에서 남은 금액을 예비비로 돌렸습니다.

자산 ㅣ 11,000,000

투자 1,000만 엔 + 예금 100만 엔

> 지금까지는 주니어 니사 제도를 활용하여 투자 쪽을 많이 공략했지만 2024년 이후부터는 예금비율을 늘릴 예정입니다.

알아 두면 도움이 되는 용어들

라쿠텐

일본의 인터넷 종합서비스 제공 업체. 인터넷 쇼핑몰, 여행 사이트, 신용카드사, 모바일 등의 서비스를 제공하고 있다.

니사 NISA(Nippon Individual Savings Account)

영국의 ISA Individual Savings Account를 모델로, 일본 정부가 2014년부터 시작한 소액투자 비과세제도. 일본에 거주하는 18세 이상의 성인을 대상으로, 국적과 상관없이 가입이 가능하다. 2024년 1월부터 개편된 신니사NISA는 연간투자금액이 적립형 120만 엔, 성장형 240만 엔으로, 총 한도금액이 360만 엔이다. 비과세 보유한도 금액은 1,800만 엔, 비과세 보유기간은 평생이며, 기존 니사와 신니사는 별도로 계좌 관리가 가능하여 병행 운용이 가능하다.

주니어 니사

미성년자(0세~17세)를 위한 소액투자 비과세제도로, 2023년까지 신규가입이 가능했고, 2024년부터 폐지되었다. 기존 가입자는 성인이 될 때까지 비과세로 운용이 가능하다.

이데코 iDeco(개인형 확정 기여 연금)

고령화시대에 일본 국민들의 노후의 경제적인 부담을 줄이고자 만든, 자신이 납입한 연금을 스스로 운용하여 자산을 형성하는 연금제도. 가입대상은 20세 이상 65세 미만까지 가능하다. 65세까지 납입이 가능하고, 60세부터 납입금액의 인출, 노후연금을 받을 수 있다. 납입기간은 최소 10년으로, 한도금액은 개인마다 차이가 있다. 납입한 금액전부 소득공제혜택을 받을 수 있다.

Contents

프롤로그 — **005**
우리 가족 프로필 — **007**
4남매 엄마의 하루 스케줄 — **008**
가계부 Before&After — **009**
일본의 금융 상품과 서비스 — **011**
정리 시작! — **018**

Chapter 1

삶을 바꾸기 위한
첫 단계는 방 정리부터

어질러진 방을 정리하는 기술

Check 정리를 방해하는 3대 핑계를 깨트리는 말 — **034**

정리에 서툰 자신을 인정하는 것이
정리수납의 첫걸음 — **035**

실패해도 괜찮다는 생각으로
우선 시작하기 — **038**

내보내기→장소 정하기→수납하기
3단계 정리의 기본 스텝　　　　　　　　　　**040**

냉장고 정리로
'내가 꼭 필요로 하는 물건'에 대한 감을 익히기　**042**

평생 가는 정리 시스템 만들기의 첫 단계,
물건의 자리를 정해주기　　　　　　　　　　**046**

수납의 기본은
'사람별' '용도별'로 나누는 것　　　　　　　**050**

무엇이든 '한 번에 꺼낼 수 있도록' 정리하면
귀찮음이 확 줄어든다　　　　　　　　　　　**062**

"깔끔한 것이 무조건 좋은 것은 아닙니다"
생활에 맞는 실용적 정리　　　　　　　　　　**067**

정리는 뺄셈이 핵심　　　　　　　　　　　　**070**

서로의 공간은 존중하면서
깨끗하게 살기 위한 부부 대화법　　　　　　　**072**

옷을 여러 벌 사지 말고,
있는 옷을 알뜰히 입어 없애기　　　　　　　　**074**

어떤 장난감을 얼마나 가지고 있을지
아이들 스스로 판단하게 하기　　　　　　　　**078**

1인 1박스만 보관하는
우리 아이 '작품 박스' 정리법　　　　　　　　**081**

정리를 시작하기 전에
알아두면 좋을 주의점 5가지　　　　　　　　　**083**

집이 다시 지저분해진다면
생각해 봐야 할 것들　　　　　　　　　　　　**085**

Chapter 2

0엔을 1,000만 엔까지 불린 엄마의 돈 관리법!

돈 관리 초보에서 탈출하는 기술

Check 우리 집 가계 관리술	094
물건을 쌓아두지 말고 저축하기	
물건을 쌓아두지 말고 지식 쌓기	
물건을 쌓아두지 말고 체험하기	095
현금을 사용해 '돈은 쓰면 사라진다'는 감각을 익히기	099
가계부를 쓰며 '무조건 예산 안에서 지출하는 방법'을 고민하기	101
6개월에 한 번씩 보너스가 생기는 '35일 가계부'	109
월급은 현금으로 바꿔 지출항목별로 봉투에 나누어 담아 사용하기	115
아이들이 성인이 되면 독립시키기 위한 장기투자 방법	119
낭비를 줄여주는 6가지 습관	122

식재료 구입의 기준을 세우고, 초과할 경우
'냉장고 파먹기'를 적극적으로 활용하기   **126**

살 물건은 무조건 리스트로 작성하고,
쿠폰이나 포인트를 적극적으로 사용하기   **131**

'무지출 챌린지'와 '중고 거래'로
정리와 저축을 한 번에 노리기   **134**

적당한 포기가 절약을
지속할 수 있도록 만든다   **136**

아이들 경제 교육의 첫 걸음,
새해 자산 공개 회의   **138**

용돈은 심부름의 대가로,
원하는 물건은 직접 설득하게 하기   **140**

튼튼한 가계를 위해 필수인
'가족 협력'   **143**

Chapter 3

엄마를 해방시켜 줄
살림 시스템 만들기

살림 시스템 만들기의 기술

Check '살림이 너무 귀찮아'를 확 끊어버리는 사고방식　　**150**

'루틴 메뉴표'를 적극적으로 활용해
돈과 시간을 절약하자　　**151**

장보기는 주 1회로 제한,
식재료부터 조미료까지 남기지 않고 사용하기　　**156**

'주 1회 반찬 만들기'로
돈과 시간을 모두 절약하다　　**160**

요리의 레퍼토리를 넓혀주는
스키야키소스　　**166**

주말 아침, 부모와 아이가 모두 편해지는
셀프 조식 시스템　　**170**

요리에 서툴수록
도구는 좋은 것으로　　**172**

요일이나 특정 날짜를 정해
살림 루틴 만들기　　**174**

세탁물을 각자 따로 말리지 않고
개키지도 않는 '세탁물 뷔페'　　**177**

Chapter 4

이제는 독박육아에서 벗어날 시간

독박육아 탈출하기의 기술

Check 건강한 가족을 만들기 위한 3가지 조건	184
아이들의 안정된 독립을 위한 사전 준비	185
아이 스스로 할 수 있는 시스템 만들기	189
정리도 아이 스스로! 아이들 전용 구역에 대해서는 간섭하지 않기	191
스마트폰 알람을 활용한 가족 스케줄 관리법	194
아이들에게 가장 키워주고 싶은 '스스로 생각하는 힘'	198
사랑하는 아이를 올바르게 키우기 위한 교육법	204
'머릿속의 남편'은 쫓아내고 '진짜 남편'과 마주하다	208
에필로그	210

정리 시작!

엄마의 역습이 시작되다

> 빚의 시기

100만 엔의 빚을 진 암흑의 솔로시절

지금에 와서야 '재테크 정리수납 어드바이저'로서 1,000만 엔을 저축할 수 있게 되었지만, 결혼하기 전의 저는 불안정한 생활 속에서 빚을 지고 갚고를 반복하던 한심한 인간이었습니다.

오사카에서 사무직 일을 하던 어느 날, 배우와 연예계에 흥미가 있었다는 점이 불현듯 생각난 게 불운의 시작이었습니다. 부모 곁을 떠나 제법 어엿한 어른이 된 기분으로, 그리고 밑져야 본전이라는 생각에 예능기획사에 응모를 했는데 덜컥 합격해 버린 것입니다. 하지만, 여기에는 약간의 함정이 있었습니다. 본격적인 배우가 되기 전에 무조건 아카데미에 다녀야 한다고 하더군요. 이미 배우가 되는 환상에 사로잡혔던 저는 어떠한 의심도 없이, 아카데미의 입학금과 이바라키의 본가로 돌아갈 이사 비용 25만 엔을 급하게 마련하기 위해 겁도 없이 제2금융권에 손을 대고 말았습니다.

배우로서의 첫걸음을 들이자마자 무대 출연은 계속 결정되었지만, 극단에서 개인별로 할당된 티켓이 무겁게 저를 압박해 왔습니다. 본가와 아르바이트, 극단만을 왕복하다 보니 인간관계가 좁아져서 저에게 할당된 티켓 20장을 다 팔지 못했고, 공연 때마다 1장에 2,000엔 하는 티켓 가격의 반을 부담해야 했습니다. 그럼에도 불구하고 매회 연기를 연마하기 위해 필요한 경비라고 자신에게 되뇌었습니다.

그러던 중 동료로부터 은밀한 돈벌이 이야기를 듣고 혹한 나머지 '그 세계'에 발을 들여놓고 말았습니다. '배우의 세계는 훨씬 험하니, 이 일로 수입을 얻을 수 없다면 배우로서도 밥을 먹고 살 수 없다'고 스스로를 몰아쳤습니다. 한 번 결정하면 그대로 직진하는 저는 그 일에 연기와 아르바이트까지, 하루 종일 저 자신을 몰아붙였습니다. 그런데도 시간이 갈수록 처음 들었던 이야기와는 반대로 돈과 시간, 인맥까지 끊어지고 동시에 마음의 여유도 점점 잃어갔습니다.

그 일로 성공하기 위해서는 3개월 연속 판매액 15~20만 엔을 달성해야 합니다.

극단의 티켓조차 팔지 못하는데, 그 4~5배의 판매량을 3개월

연속으로 달성할 수 있을 리가 없습니다. 게다가 목표를 달성한 뒤에도 매월 같은, 또는 그 이상의 판매량을 올려야 돈을 벌 수 있습니다. 당시의 저는 그런 상식적인 계산조차 하지 못했습니다.

처음에 빌린 25만 엔도 다 갚지 못한 채, '이 일로 성공하면 배우에 전념할 수 있어'라며 판매 달성을 위해 또 다른 제2금융권에서 돈을 빌렸습니다. 이때 빚을 진 금액이 80만 엔, 이자를 포함하면 총 100만 엔이었습니다.

빚 청산의 시기

1년 만에 빚 청산, 결혼과 출산으로 행복의 절정을 맛보지만…

갈수록 돈에 대한 불안이 심해지던 어느 날, 전철 비용 120엔을 내지 못해 아르바이트를 하러 1시간 거리를 걸어갔습니다. 가까스로 아르바이트하는 곳에 도착했는데, 사무실 책상 위에 놓여진 2,000엔짜리 지폐를 발견했어요.

'이 돈이 있으면…'

한순간이라도 그런 생각이 든 자신에게 마음속까지 소름이 끼쳤습니다.

지금처럼 이런 상태의 생활이 계속된다면 범죄를 저지를 수도 있겠다는 생각에, 현재와 같은 방식의 생활을 끝내고 빚을 싹 청산하자고 결심한 때가 26살이었습니다.

그때부터 배우는 물론 그 일에서도 확실하게 발을 뺐습니다. 1년 안에 빚 청산이라는 목적으로 도쿄의 셰어하우스로 이사를 했습니다. 본가를 나온 것은 시급이 높은 도쿄에서 아르바이트를 늘리기 위함과, 아르바이트까지 편도 1시간이라는 이동 시간을 줄이기 위해서였습니다. 당시, 아르바이트 하는 곳에서 도보권 내에 있었던 셰어하우스는 수도와 난방비 모두 포함해서 월세가 약 3만 엔이었습니다.

그로부터 1년간 아침 8시부터 오후 3시까지는 라면 가게에서 일하고, 그 뒤에는 가까운 아이스크림 가게에서 5시부터 밤 11시까지 일하는 생활을 이어갔습니다. 아르바이트 하는 곳에서 주는 밥과 손님에게 내지 못하는 식재료를 받아서 식비를 충당했고, 스마트폰 대신 가라케*를 사용하는 등, 착실하게 절약하였습니다. 아르바이트 총수입 20만 엔 정도에서 월세, 휴대폰 비용, 변동지출비를 뺀 나머지 돈은 모두 빚을 갚는 데 사용했습니다.

그렇게 악착같이 일한 결과, 목표대로 1년 안에 빚을 모두 청산할 수 있었습니다.

그 당시, 아르바이트를 하던 라면 가게의 부점장이 지금의 남

---

* 일본에서 독자적으로 발전한 기능 중심의 휴대전화. 일반적 휴대전화에 지금의 스마트폰 기능이 일부 들어가 있다.

편입니다. 빚을 다 갚고 깨끗한 상태가 되었을 때, 서로 타이밍이 잘 맞아서 결혼까지 하게 되었습니다.

이때 빚은 없었지만, 저축해 놓은 것도 한 푼 없었습니다. 가계 관리의 본질은 전혀 몰랐지만, 이제 빚이 없으니까 괜찮을 것이라며 꽤 낙관적이었죠. 그러나 다음 해, 첫째 아들이 태어나면서 '아이가 태어났는데, 저축이 없다는 것은 말도 안 돼'라는 생각에 가계를 관리하는 일에 다시 관심을 가지게 되었습니다.

우리 집 저축 연표

	빚의 시기					저축의 시기
	솔로시절, 소비자금융 (제2금융권) 2곳에서 빌림	꼬박 1년에 걸쳐 빚 청산, 결혼	첫째 아들 출산	둘째 아들 출산	예적금 가입과 해약을 반복	가계 관리의 학습이 조금씩 결실을 맺다
	▼	▼	▼	▼	▼	▼
		0엔	60만 엔	0엔	0엔	100만 엔
26세	27세	28세	29세	30세	31세
빚 100만 엔 (이자 포함)					

정리 시작!

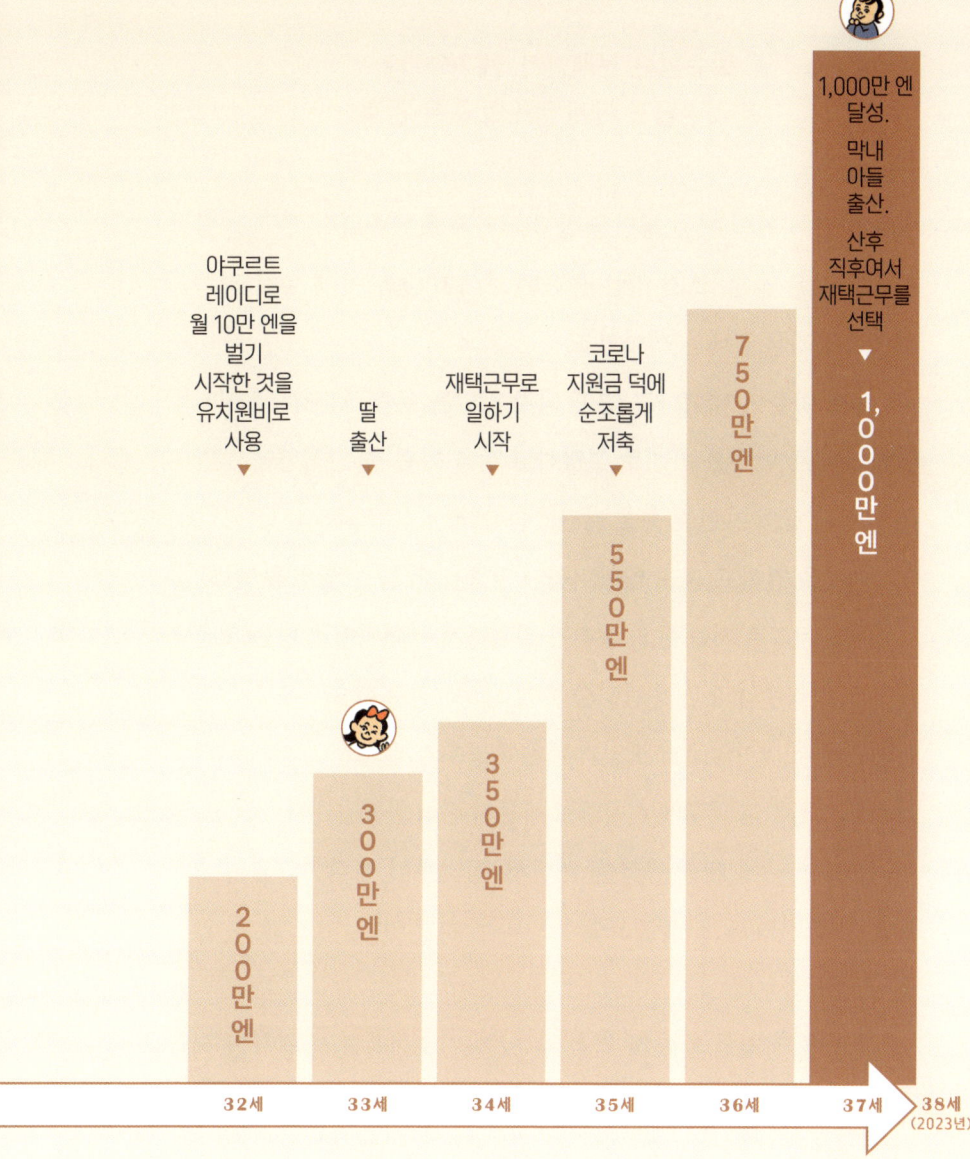

> 저축의 시기

미숙함은 핑계인가, 계기인가?
정리수납과 가계 관리의 좋은 관계

빚을 지던 시기의 저는 물건을 잘 정리하지 못했습니다. 물건을 쌓아두는 것은 물론, 쓰지 않는 물건은 보이지 않는 곳에 쑤셔 넣는 것으로 정리를 끝내는 식이었죠.

둘째 아들이 태어나고 얼마 되지 않았을 무렵, 월세를 줄이기 위해 교외로 이사를 가기로 결정하고 짐을 싸던 중 친척한테서 받은 엄청난 양의 아이들 옷을 발견했습니다.

'이것을 입히고, 사지 않았더라면 저축을 더 할 수 있었을 텐데!'

이를 계기로 저는 돈과 정리가 밀접하게 관련되어 있다는 것을 배웠고, 정리수납과 가계 관리를 함께 시작하기로 했습니다. 하지만 돈에 관해서 그야말로 초보였기 때문에 공부가 필요했고, 가계 관리 역시 어디서부터 어떻게 시작해야 하는지 전혀 몰랐습니다.

그래서 돈에 대한 공부를 하면서, 정리부터 시작하였습니다. 정리란 '물건의 필요-불필요를 판단하는 것뿐'이니, 저도 할 수 있을 것 같았습니다.

주방을 정리하다 아직 먹을 수 있는 건조식품을 발견하면 식비를 절약할 수 있어 기쁜 일입니다. 처분과 동시에 연말 대청소에 썼던 세제로 그 주변을 싹싹 청소하면 방도 깨끗해져서 일석이조

정리 시작!

이죠. 나이가 들어 어울리지 않게 되었는데 버리지 못한 브랜드 가방을 중고거래 플랫폼에 올려 파니, 좀 더 맛있는 간식을 먹을 수 있었습니다. 거기에 서서히 깔끔해져 가는 방을 보면서 기분도 상쾌해졌죠.

열심히 정리해서 깨끗해진 방을 어지럽히고 싶지 않은 마음 덕분에, 앞뒤 생각하지 않고 사고 보는 충동구매도 줄고 물건을 살 때 신중하게 고민하게 됐습니다. '방이 깔끔해진다→소비 습관이 바뀐다→가계에도 흥미가 생긴다'라는 과정을 밟다보니 저축하는 금액도 필연적으로 대폭 올랐습니다.

예전에 인스타그램에서 본 미니멀한 방에서 사는 사람들은 완벽주의자나 야무진 사람으로, 저는 절대로 그렇게 살 수 없다고 생각했습니다. 그러나 쓰지 않은 물건을 잔뜩 발견한 것을 계기로 그것은 저의 큰 착각이었다는 것을 알게 되었습니다. '미숙한 사람이야말로 스스로가 더 편해질 수 있는 루틴을 만들어야 한다'는 것을 알게 되었죠.

일일이 개는 것이 귀찮으니까, 수납은 제자리에 넣기만 하자.

가족들에게 "그거 어디에 있어?"라는 말을 듣는 것은 귀찮으니까 제 위치를 정해서 케이스에 라벨을 붙이고, 가계부를 매일 쓰는 것이 귀찮으니까 장보기는 주 1회만 하자.

매일 저녁 요리에 시간 들이는 것이 귀찮으니까 보지 않고 만들 수 있는 '루틴 메뉴표'를 정하자.

가계 관리를 하며 약 2년 반에 걸쳐 고정지출비를 정리하고, 겨우 결실을 맺기 시작한 것은 딸이 태어나기 바로 전 무렵입니다. 딸을 출산했을 때는 300만 엔까지 저축을 확보하고, 남편의 협력에 힘입어 쓸데없는 지출을 줄이는 구조로 정리할 수 있었습니다. 그 구조를 지속하는 것만으로도 1,000만 엔을 저축할 수 있었습니다.

미숙함을 핑계로 삼을지, 아니면 계기로 삼을지는 자신의 선택입니다.

스스로 미숙하니까 어쩔 수 없다고 핑계를 댄다면 앞으로도 지금 이상의 생활은 기대할 수 없습니다. 하지만, 스스로 편해지려면 어떻게 하면 좋을지 생각하는 계기로 만든다면 가능성은 무한대가 됩니다. 처음부터 포기하지 말고, 먼저 본인이 할 수 있을 것 같은 것부터 시작하며 한발씩 내디뎌보면 어떨까요?

가계부 원본을 통해 돈의 흐름을 확실하게 파악! 돈과 정리는 뗄 수 없는 관계입니다.

정리 시작!

Chapter 1

삶을
바꾸기 위한
첫 단계는
방 정리부터

수납장을 점령했던
작아진 아이들 옷!

Before ⟶

낭비가 멈추지 않는 어질러진 방

첫째와 둘째 아들은 연년생으로, 둘째 아들이 태어나면서부터 정말로 시간에 쫓기는 매일을 보냈습니다. 그 덕에 정리는 생각하지도 못하고 물건으로 넘쳐나는 어질러진 방에서 살았죠.

필요한 물건을 바로 찾을 수도 없고, 물건을 찾다 보면 늘 짜증이 났습니다. 항상 초조하고, 그런 감정이 오롯이 아이들로 향하며, 그런 자신에게 또 짜증이 나는 악순환이 계속되었습니다.

가계도 저축과 해약을 반복하다 보니 결과적으로 돈은 한 푼도 모으지 못했습니다.

결국 월세를 줄이기 위해 집을 교외로 옮기기로 결정했습니다. 그런데 이사 비용을 최대한 아끼기 위해서 짐을 줄이려고 방 정리를 시작하던 중, 친척들에게서 받은 엄청난 양의 아이들 옷을 발견한 것입니다.

받았을 때는 아직 아이들의 사이즈와 맞지 않아서 박스에 넣어 놓고선 그 존재를 완전히 잊고 있었습니다.

'이 옷들의 존재를 알고 있었다면 옷을 살 필요가 없었을 텐데!'

CHAPTER 1

물건이 너무 많아서 필요할 때 바로 찾을 수 없거나 물건을 잊고 있었을 때, 또는 있는 물건을 다시 사는 등 어질러진 방에서 반복되는 낭비의 굴레를 알아챈 순간이 제가 진심으로 집 정리를 하고자 마음을 먹은 때입니다.

정리로
바로 해결!

돈이 모이고 생활이 편해지다

그렇게 발견한 아이들 옷은 중고거래 플랫폼을 통해 판매했고, 이를 계기로 정리수납의 중요성을 깨닫게 되었습니다. 정리와 가계 관리에 밀접한 관계가 있다고 실감한 것이 이때입니다.

저에게 정리의 목적은 '낭비를 줄이고 돈을 저축하는 것'입니다. 가지고 있는 물건을 모두 파악하고 있다면 있는 물건을 다시 구매하는 낭비를 방지할 수 있으니까요.

그리고, 저에게는 중요한 목적이 하나 더 있습니다. 바로 살림을 편하게 하고 싶다는 것입니다.

연년생인 남자아이들을 독박육아 해야 했던 당시, 놀라울 정선반에 DIY로 서랍을 설치해서 문구류도 수납할 수 있게 만든 아이들의 수납공간. 왼쪽부터 첫째, 둘째, 딸, 막내의 책장입니다.

도로 생활은 정리되지 않고 피폐해졌습니다. 게다가 물건이 너무 넘쳐서 항상 짜증이 났습니다.

어질러진 방에 있기 싫으니 집에도 있기 싫어지고, 그것을 핑계로 외출해서 쓸데없는 지출을 하게 되는 악순환이 반복되었습니다. 거기에 폭풍같이 밀려오는 자기혐오까지…. 제가 정말 원하는 것은 집에서 편하게 쉬고 싶은 것이었는데 말이죠.

이를 해결하기 위해선 정리만이 답이라는 것을 깨닫게 되었습니다. 이 목표 설정은 아주 중요한 것으로, 무엇을 위해 정리하는지가 분명하지 않으면 '아까워' '비싼 건데, 선물 받아서' '언제 필요할지 몰라'와 같은 핑계가 튀어나와 손을 멈추게 합니다. 정리를 고민하는 사람은 먼저 왜 방을 정리하고 싶은지 명확하게 알아야 합니다. 모두 저마다의 이유를 확실히 파악한 뒤, 필요 없는 물건을 내보내는 일부터 시작하세요.

Check

정리를 방해하는
3대 핑계를 깨뜨리는 말

물건은 사용해야 의미가 있습니다. 쓰지 않는 물건을 떠받들고 살지 마세요.

1

아깝다
=
쓰지 않는 물건을 두는 공간과 찾는 데 쓰는 시간이 훨씬 아깝습니다.

2

비싼 건데,
선물 받은 건데
=
고가품도, 선물 받은 것도 쓰지 않으면 그냥 쓰레기입니다.

3

언젠가 필요할 수도 있는데
=
그런 날은 영원히 오지 않습니다. '언젠가'를 기다리는 것보다 '언제 사용할 것인가'를 스스로 정해야 합니다.

CHAPTER 1

어질러진 방을 정리하는 기술 01

정리에 서툰 자신을 인정하는 것이
정리수납의 첫걸음

정리는 어른이 되면 누구나 당연히 할 수 있는 일이라고 생각하기 쉽습니다. 그래서 정리가 잘되지 않으면 '나는 왜 이것조차 못할까' 하고 자신을 탓하며 자괴감에 빠지기도 합니다. 하지만 사실, 정리를 못하는 것은 당연한 일입니다. 집에서도, 학교에서도 '정리하는 법'을 제대로 배운 적이 없기 때문입니다.

그러니 배운 적이 없으니 못한다는 점을 열어두고, 정리에 서툰 자신을 인정해 주세요. 스스로 인정할 수 있어야 주변의 제안을 솔직하게 받아들이고, 본인이 할 수 있는 방법이 무엇인지 깊이 생각해 볼 수 있습니다.

어질러진 방에서 벗어나기로 다짐한 저는 정리수납에 관련된 책이나 잡지, 심플 라이프 정보에 대한 SNS 등을 닥치는 대로 찾아 읽었습니다. 그중에서도 미니멀리스트인 야마구치 세이코 씨의 책은 정말 충격적이었습니다. 읽는 순간, '이렇게 살고 싶다'는 생각이 들었습니다. 야마구치 세이코 씨는 '최소한의 물건과 산뜻하게 산다'를 실천하고 있는 분으로, 그녀의 효율적인 생활은 귀찮은 것은 피하고 최대한 편하게 살고 싶어 하는 저의 바람에 딱 맞았습니다.

물건을 줄이게 되면, 가족들의 "그거 어디에 있어?"라는 질문도 줄어들고, 어디에 무엇이 있는지 파악하고 있으면 저도 훨씬 편해집니다. 그렇게, 내가 하고 싶었던 많은 것들을 야마구치 씨의 책을 통해 찾을 수 있었습니다. 인테리어 하나를 봐도 그렇습니다. 지금까지 우리 집은 회색 냉장고에 검은 소파, 아이들용 수납은 컬러풀한 박스 등, 시각적으로 어지럽고 안정되어 있지 않았습니다.

그러다 흰색과 내추럴한 색으로 통일시킨 야마구치 씨의 집을 보고, 색을 줄이면 집이 더욱 단정하고 정리되어 보인다는 점을 알게 되었습니다. 지향하는 방향을 정확하게 알고 있으면 어울리지 않는 물건들로 방을 채우는 일이 없어집니다. 자신이 바라는 모습에 맞게 생활을 정리해 나가면 자연히 쓸데없는 물건도 없어지죠.

정리는 물건을 버리는 것뿐 아니라 이상적인 생활을 실현시키는 수단입니다.

마음에 와닿는 생활 관련 책을 찾아 읽으며 이상적인 생활을 추구하였습니다.

어질러진 방을 정리하는 기술 02

실패해도 괜찮다는 생각으로
우선 시작하기

정리를 하려고 했다가도 '이렇게 물건을 줄여서 무슨 의미가 있지?' '버리면 벌받을 것 같아' 등의 생각 끝에 결국 물건을 못 버린 경우가 있지 않나요? 그래도 방을 깨끗하게 하고 싶은 마음은 있으니 찜찜한 응어리가 마음 한편에 쭉 남아있게 됩니다.

그럴 때는 일단 시작해 보세요.

일어나지도 않은 일, 일어날지 아닐지도 모르는 '만약에' 때문에 우왕좌왕하는 데에 쓰는 체력도 아깝고, 쓰지 않는 물건 때문에 생활이 불편해지고 짜증을 내는 내 마음 또한 아까울 뿐입니다. 한 번 사는 인생, 물건에 휘둘리는 시간이 아깝습니다.

게다가 실패를 실패인 상태로 두면 다음에 무엇을 해도 계속

같은 상황을 반복합니다.

    실패를 한 뒤에는 어떻게 하면 잘 될까, 무엇이 나에게 맞는가를 고민해 봐야 합니다. 그 후, 분석과 개선을 통해 자신에게 맞는 방법을 찾으면 그것은 실패가 아닌 경험이 됩니다. 정리의 기준을 처음부터 너무 높게 잡고 그것을 핑계로 포기했다면, 쉽게 할 수 있는 것부터 먼저 시작해 보시면 어떨까요?

해보고, 실패하고, 개선해 가는 와중에 자신에게 맞는 방법을 반드시 찾을 수 있습니다.

어질러진 방을 정리하는 기술 03

내보내기 → 장소 정하기 → 수납하기
3단계 정리의 기본 스텝

정리수납의 기본은 단순하면서도 명쾌합니다. '쓰지 않는 물건을 내보내기→장소 정하기→수납하기'가 다입니다. 첫 단계인 '쓰지 않는 물건을 내보내기'는 뒤에서 자세히 설명하도록 하겠습니다. 이 단계야말로 정리의 대부분을 차지하는 아주 중요한 부분입니다. 이것만 확실히 할 수 있다면 어떤 사람이라도 정리정돈을 해낼 수 있습니다.

    제가 방 정리를 시작한 이유는 사실, 조금이라도 제 시간을 확보해 좋아하는 애니메이션을 보고 싶었기 때문이었습니다. 그런데 그렇게 시작한 정리가 결과적으로는 가족 모두의 생활을 편하게 만들었고, 물건의 위치가 정리되다 보니 아이들도 스스로 자기 일을 할 수 있게 되어 큰 도움이 되었습니다.

　물건이 많아질수록 관리에 손이 많이 갑니다. 그리고 사람이 관리할 수 있는 양에는 한계가 있죠. 그래서 물건을 줄이는 것은 관리에 아주 효과적인 방법입니다. 바쁜 사람일수록 먼저 물건을 줄여보세요. 작업 효율과 시간 효율이 눈에 띄게 좋아집니다. 모두가 그렇겠지만, 바쁠 때 물건을 찾는 일은 정말 짜증 나는 일입니다. 물건을 찾는 시간은 결과적으로 버려지는 시간으로, 작업 속도에도 영향을 끼칩니다. 가족들의 '어, 그거 어디 있지?'로 나의 시간을 빼앗는 악순환이 해소되면, 물건을 찾는 스트레스에서 해소됨과 동시에 나의 사심과 가족의 편리한 생활까지 챙길 수 있기 때문에 정리를 잘 하는 것이 중요합니다.

3단계 정리의 기본 스텝

1 쓰지 않는 물건을 내보내기
정리수납의 80%를 차지하는 가장 중요한 부분입니다.
(p.42)

2 장소 정하기
동선과 사용빈도에 따라 수납 위치를 결정합니다.
(p.46)

3 수납 하기
사람별, 용도별로 수납하여 넣습니다.
(p.50)

어질러진 방을 정리하는 기술 04

냉장고 정리로
'내가 꼭 필요로 하는 물건'에 대한 감을 익히기

물건을 정리할 때 '사용한다'와 '사용하지 않는다'로 취사선택해서 불필요한 물건을 내보내는 것만으로도 정리의 80%는 끝났다고 보면 됩니다. 수납은 사용하는 물건을 정리하는 마지막 부분이죠.

저 또한 정리를 시작할 무렵에는 오랜 시간을 함께한 물건을 버린다는 것에 주저한 적도 있었습니다. 하지만 지금은 정리에 대해 조금 더 심플하게 생각하고 있습니다.

사실, 정말 중요한 물건은 애초에 내보낼지 말지 고민하지도 않기 때문이죠.

비싼 물건이라서 남겨둔다? 아닙니다. 아무리 고가의 물건이라도 쓰지 않으면 그냥 쓰레기, 싸더라도 즐겨 쓰는 것은 보물과도 같습니다. 즉 물건의 가치는 단순히 가격으로 정해지는 것이 아닙니다.

'나중에 필요할 수도 있지 않을까?'라는 생각으로 물건을 버리지 못하는 사람은 결국 그물에 갇힌 고기처럼 옴짝달싹 못 하게 되기 쉽습니다. 게다가 무슨 이유에서인지 물건을 많이 가지고 있는 사람일수록 막연한 불안감에 갇혀 있고, 물건이 없는 사람일수록 '어떻게든 되겠지'라며 낙관적입니다. 그런데 살아보면 정말 어떻게든 되는 것이 신기한 일입니다.

거기에 물건을 내보냄과 동시에 지금까지 정리할까 말까 고민했던 시간도 함께 내보낼 수 있으니 만사가 편해집니다.

물건을 버린 뒤 후회하고 싶지 않다는 마음도 이해하지만, 한 번 정도 실패하는 편이 '정리하는 힘'을 더욱 확실하게 몸에 익힐 수 있는 계기가 되기도 합니다. 그러므로 실패를 두려워할 필요가 없습니다. 빨리 성공하는 사람은 빨리 실패합니다. 마음속에 있는 의문은 직접 정리해 보면서 해결하면 됩니다.

물건을 내보내는 기준은 '1년 이내에 쓸지, 안 쓸지'와 '자신이 관리할 수 있는지'가 기본입니다. 물건이 늘어날수록 어디에 무엇이 있는가를 파악해 두어야 하니 그만큼 머릿속도 복잡해집니다.

물건을 내보내는 기준을 알게 되었으니 어디부터 정리를 시작하면 좋을까요? 답은 '우선 어디든 한 군데라도 쓰지 않는 물건을 내보낼 수 있는 곳'입니다.

'집안의 물건을 모두 꺼내야 하는 거 아닐까?', '시간이 너무 오래 걸리진 않을까?'라며 걱정하지만, 사실 정리의 허들은 그렇게 높지 않습니다. 처음 시작할 때는 숲 전체를 보지 말고, 숲 속의 나무 한 그루, 그 나무의 가지 하나에서 시작하면 됩니다. 서랍장 한 단을 꺼내서 물건을 꺼내어 놓고, 필요-불필요를 판단하는 것만으로도 훌륭한 정리의 시작인 것이죠.

그래도 어려운 분들에게 정리의 시작으로 추천하는 것이 냉장고입니다.

식재료의 경우 유통기한이나 소비기한 등이 내보내는 기준이 되어주니까 판단하기 쉽기 때문입니다. 게다가 먹고 남은 건어물이라도 발견하면 식비를 줄일 수 있어서 일석이조이죠.

물론 한 번에 다 할 필요는 없습니다. 냉장고의 경우, 오늘은 오른쪽 도어 포켓, 다음은 저온칸, 냉동칸, 야채칸 등 서랍 한 단 정도의 좁은 범위부터 시작하면 됩니다.

기한이 지난 물건처럼 '버려도 괜찮은 것'부터 정리하기 시작하면, 버리는 일에 대한 저항감도 자연스럽게 줄어듭니다. 냉장고부터 정리를 시작하는 것은 쓰지 않는 물건을 '내보내는 연습'인 것입니다. 지금까지 무지에 가까웠던 머릿속의 정리수납 스위치를 켜고 판단력을 길러나가다 보면, 다른 장소에서도 불필요한 물건을 내보내는 것이 점점 수월해질 것입니다.

또, 같은 이유로 정리가 쉬운 것이 지갑, 화장품 파우치, 구급상자 등으로, 익숙해지면 착착 정리할 수 있게 됩니다.

시작하기 쉬운 정리 물품들

물건	물건을 내보내는 기준
지갑	잘 이용하지 않는 상점의 포인트 카드 전에 다녔던 병원의 진찰권 기한이 지난 할인권 확인이 끝난 영수증
화장품 파우치	오래 남겨두기 쉬운 아이템(립스틱, 아이섀도, 자외선 차단제 등)은 반드시 확인해야 합니다.
구급상자	약에도 사용기한이 있으니 정기적인 점검이 필요합니다.

> 어질러진 방을 정리하는 기술 05

평생 가는 정리 시스템 만들기의 첫 단계, 물건의 자리를 정해주기

정리수납을 할 때 생각해야 하는 또 한 가지는 '물건에 용도가 있고, 물건의 장소가 정해져 있는가' 입니다. 반대로 말하면 용도와 두는 장소가 정해져 있다면 물건은 많아도 상관없습니다. 그럼 이렇게 생각할 수 있죠. '물건을 줄이는 것이 정리가 아닌가?'

사실 물건이 많든 적든 그것은 그렇게 문제가 되지 않습니다. 문제는 사용 목적이 명확하지 않고, 물건의 제자리도 딱히 없어서 어딘가에 처박혀 있거나 굴러다니는 물건입니다. 예를 들어 우리 집에 가위가 5개 있던 시기가 있었습니다. 주방에는 식재료용과 이외의 것 2개, 거실에는 어른용과 아이의 오른손잡이용과 왼손잡이용 3개가 있었습니다. 5개의 가위는 모두 쓰는 용도가 명확했죠.

이처럼 같은 물건이 많더라도 이용 목적이 뚜렷하면 괜찮습니다.

무엇을 가지고 있는지 파악할 수 있고, 가지고 있는 목적이 명확해서 써야 할 때 바로 꺼낼 수 있다면 물건의 수는 상관이 없습니다. 정리는 우리 생활이 잘 돌아가게 하기 위한 것으로, 무조건 버리는 것이 능사는 아닙니다.

하지만 물건이 많아지면 많아질수록 우리 머릿속 용량은 가득 차게 됩니다. 물건이 지나치게 많으면 그만큼 신경 써야 할 것도 늘어나 중요한 순간에 판단이 흐려지기 쉽습니다. 생활의 여유를 위해서도, 스스로 파악할 수 있는 만큼만 물건을 갖추는 것이 필요합니다.

다음은 물건을 어디에 둘지, 수납 장소를 정하는 단계입니다. 어떻게 하면 더 단순하고, 사용하기 편리한 상태로 수납할 수 있을까요? 먼저 나와 가족이 가장 쓰기 좋은 자리를 생각하고, 생활 동선을 따라 어디에 두면 편리할지 떠올려 봅시다.

외출하기 전에 손수건을 잘 챙기기 위해서는 손수건을 현관에 놔두고, 아이들이 거실에서 숙제를 한다면 문구류는 거실과 가까운 곳에 두는 것이 좋습니다. 욕실에서 나와 갈아입을 옷은 욕실과 가까운 곳에 놓는 것이 편리하겠지요. 아침에 일어나서 바로 옷을 갈아입기 위해 가족 모두의 옷은 침실의 가족 옷장에 모아 보관하는 등, 각자의 동선에 맞춰 사용하기 좋은 장소를 정합니다.

수납할 장소가 정해지면 다음은 그 장소의 어디쯤에 물건을

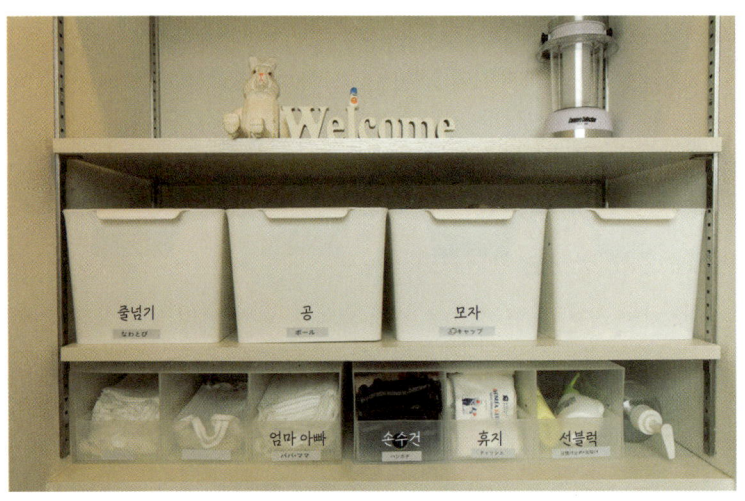

아이들이 밖에서 놀 때 사용하는 물건이나 마스크, 손수건, 티슈 등, 외출 시 챙겨야 하는 물건들을 현관 신발장 위의 선반에 모아서 수납해 두었습니다.

놓는 것이 좋을지 생각합니다.

    이때, 사용 빈도가 높은 물건을 가장 꺼내기 쉬운 '특등석'에 둡니다. 가장 꺼내기 쉬운 위치는 대략 사람의 허리 높이 정도로, 그 특등석에 넣는 것 중에서도 사용 빈도가 높은 물건을 바깥쪽에 배치하고 비교적 사용 빈도가 낮은 물건은 안쪽으로 배치하는 것이 좋습니다.

    매일 사용하는 물건은 문이나 서랍을 살짝 열어두는 것만으로도 행동 하나를 줄일 수 있죠.

    사용 빈도가 두세 번째 높은 물건들의 위치는 특등석의 위나 아래가 좋습니다. 떨어지면 위험하거나 무거운 물건(도자기 냄비나

철판 플레이트 등)은 밑에 수납합니다.

왼쪽부터 순서대로 사용하기 쉬운 높이

중 > 하 > 상

사람의 허리 정도의 높이 | 구부려야 할 정도의 높이 | 손을 뻗어야 하거나, 의자가 필요한 높이

사용 빈도가 높은 물건 | 무거운 물건 | 가벼운 물건, 사용 빈도가 낮은 물건

　반대로 까치발을 들거나 의자, 디딤대를 사용하여 꺼내야 하는 상단 수납에는 사용 빈도가 낮고 가벼운 물건을 넣어둡니다. 이렇게 하여 위치를 정하면 '사용하고→제자리에 둔다' 시스템을 지속적으로 유지할 수 있게 됩니다. 처음에는 시간이 걸리겠지만, 수고는 잠깐이고 시스템은 평생 갑니다. 자신에게 딱 맞는 수납 시스템을 만들어 보세요.

어질러진 방을 정리하는 기술 06

수납의 기본은 '사람별' '용도별'로 나누는 것

물건의 장소를 정하고 난 뒤의 마지막 순서가 바로 수납 방법입니다. 수납에서 중요한 것은 한눈에 무엇이 들어 있는지 알 수 있고, 그것을 되도록 한 번의 행동으로 꺼내고 넣을 수 있는가 입니다.

자주 사용하는 물건들을 모아서 함께 두면, 솔직히 수납 테크닉 같은 것은 필요 없습니다. 정해진 장소에 넣기만 하면 되는 간단한 수납이지만, 저희 집의 경우 사용하는 물건에 따라 '사람별 수납', '용도별 수납'으로 나누었습니다.

사람별 수납

저희 집의 '사람별 수납'의 대표적인 예가 아이들의 학용품입니다. 수납장을 이용하여 사물함처럼 교과서와 책가방을 둡니다. 각각의 수납장 위에는 첫째, 둘째, 딸, 막내용 게시판을 걸어두고, 중요한 소식이나 시간표, 급식표 등은 여기에 붙여서 각자가 확인할 수 있도록 합니다.

학교나 유치원, 어린이집에 관한 것은 여기에서 모두 해결할 수 있도록 아이들의 편리함을 최우선으로 두고 수납하였습니다.

용도별 수납

용도별 수납은 기본적으로 가족 모두가 공유하며 사용하는 물건에 해당합니다. 같은 용도의 물건을 한곳에 모아 수납해 두면 사용할 때 아주 편리합니다.

예를 들어 가족 모두가 매일 사용하는 필기용품과 연필깎이는 늘 같은 곳에 두고, 스마트폰이나 노트북은 수납하면서 충전할 수 있도록 충전 스테이션을 만들었습니다.

사람별 수납

사람별로 구분된 아이들의 수납공간.
왼쪽의 1열은 첫째 아들, 둘째 아들.
책가방은 각자의 사물함 위에 둡니다.

CHAPTER 1

용도별 수납

다이닝 테이블에서 사용하는 물건을 모아둔 주방 카운터 밑의 선반. 용도별로 나누어 수납하고 있습니다.
① 프린터와 A4용지 ② 일 관계 자료
③ 가계부 세트 ④ 문구 세트

집어넣기 전법이란?

모든 물건에 자리를 정해주고, 알맞은 수납 방법을 고민하는 일은 분명 즐거운 과정이지만, 동시에 가장 많은 시간과 에너지가 드는 어려운 작업이기도 합니다.

깔끔한 집에 대한 동경은 있지만, 정리가 미숙한 저에게는 특히 쉽지 않았죠. 그렇게 하여 생각해 낸 것이 정해진 위치에 넣기만 하면 되는 '집어넣기 전법'입니다.

아이들의 장난감은 상자 안에 툭. 건조기에서 나온 속옷류나 유치원, 어린이집 용품도 개키지 않고 수납 공간에 툭 넣기만 하는 것이죠.

주방서랍에는 유치원에서 사용하는 도시락 보자기(바깥쪽)나 행주(안쪽)를 세탁 후 그대로 박스에 집어넣습니다.

CHAPTER 1

집어넣기 전법

사람별 수납

아이들의 학용품, 옷 등은 사용하는 사람이 정해져 있기 때문에 같은 장소에 모아두는 것이 좋습니다.

사용하는 사람이 편리해야 불필요한 동선이 없어진다.

용도별 수납

문구류, 일용품, 가계부 세트 등은 사용하는 용도별로 정리해 두면 편리한 물건들입니다.

관련 물품을 한곳에 모두 모아두면 효율적이다.

6인 가족 17평 월세 생활

우리 집의 수납 방법을 소개합니다

현관

현관 수납의 경우 상단에는 밖에서 사용하는 줄넘기와 공, 그 밑에 손수건, 티슈, 자외선 차단제 등을 용도별로 수납하였습니다. 신발장 안은 위부터 남편, 저, 첫째와 둘째, 딸과 막내용 등 구성원별로 수납하였습니다.

침실

왼쪽 침실에 있는 옷장, 계절행사 용품(축제용 인형들)과 여행용 슈트케이스 등을 수납하였습니다.

오른쪽 침실의 스틸행거로 만든 가족 옷장(p.74). 가족들의 옷은 모두 여기에 둡니다.

CHAPTER 1

욕실

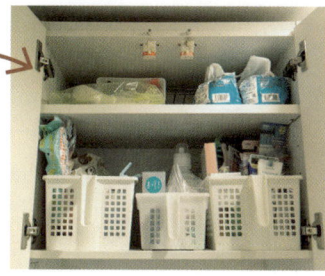

건조기 위에 있는 선반은 높아서 꺼내기 어려우므로, 자주 사용하지 않는 아이들의 이발 용품이나 여분의 일용품들을 수납하였습니다. 손잡이가 있는 케이스에 넣어두면 편리합니다.

오른쪽 DIY로 만든 세면대의 타월 코너. 위에는 배스타월과 세면타월, 중간에는 목욕 후, 바르는 약을 수납. 그 밑에는 가족들 개인용 타월을 거는 고리를 만들었습니다.

아래 세면대 밑에는 목욕 후, 필요한 옷과 물건을 수납합니다. 상단의 속옷 종류는 왼쪽부터 첫째와 둘째(겸용), 딸, 저, 남편 순서. 가운데 칸의 왼쪽은 막내의 기저귀와 파자마, 오른쪽은 남편의 파자마. 하단은 첫째, 둘째, 딸의 파자마를 넣어두었습니다.

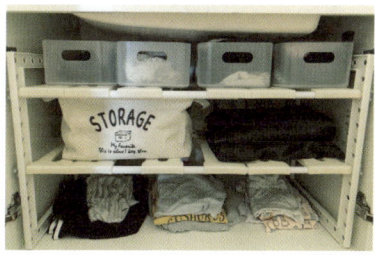

> 주방

가스레인지 옆의 서랍. 앞쪽에 자주 사용하는 순서대로 넣어두면, 서랍을 다 열지 않고도 필요한 물건을 꺼낼 수 있습니다.

싱크대 밑은 쓰레기를 놔두는 곳입니다. 가장 오른쪽은 일반 쓰레기, 그 외에는 비닐봉투나 문 안쪽 수납을 이용하여 구분합니다.

조리대 밑의 수납. 가장 위 칸부터 주방도구, 채소 조리용 도구세트, 조미료 공간입니다. 가장 위 칸의 주방도구는 오른손잡이인 저에게 맞춰 사용빈도가 높은 순서로 오른쪽부터 나열하여 넣어두었습니다.

가스레인지 밑의 수납장. 도자기 냄비나 핫플레이트 등, 무거운 조리용기는 이곳에 정리합니다. 요리할 때의 동선과 맞춰서 수납하였습니다.

CHAPTER 1

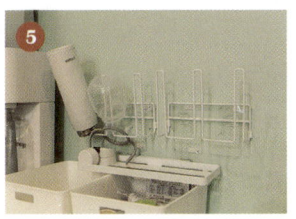

수납장 위에 설치한 물병꽂이. 세척 후, 건조와 수납을 동시에 할 수 있습니다.

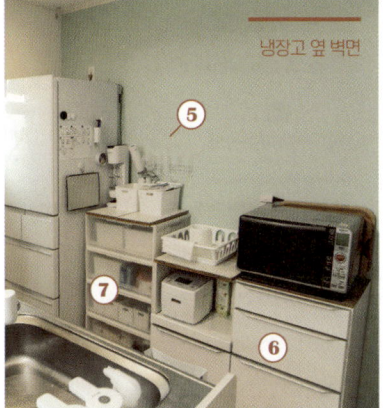

전자레인지 밑의 서랍 3단에는 커트러리나 식기류를 수납. 우리 집의 식기는 이곳에 들어있는 것이 전부입니다. 아이들용 커트러리는 아이들의 손이 닿을 수 있는 2단에 넣고 식사 준비를 돕게 합니다. 또한, 전기밥솥 밑의 서랍에는 저장식품 등을 수납하였습니다.

냉장고 옆의 플라스틱 선반에는 위부터 사용빈도 순서로, 매일 수시로 사용하는 것, 하루 몇 번 사용하는 것, 가끔 사용하는 것, 주 1-2회 사용하는 것으로 나누어 수납하였습니다.

> 리빙 & 다이닝

주방 카운터. 상단은 프린터나 일 관련 자료를 정리해 둔 서류케이스, 충전 스테이션, 문서절단기. 가운데 칸은 왼쪽부터 아이들이 그림 그릴 때 사용하기도 하는 A4용지나 아이들용 노트북, 가계부 세트, 필기용품. 하단은 아이들 책을 수납하였습니다.

테이블 옆에 놓은 선반에는 아이들의 만화나 부부의 책을 수납합니다. 책을 고르고, 바로 여기에 앉아서 독서를 합니다.

CHAPTER 1

거실 옆방에 있는 아이들용 수납장은 1인 1로커 시스템입니다. 학교, 유치원 관련 서류는 4명의 파일로 나누어 벽에 걸어두었습니다.

거실 옆방의 벽장. 전자제품 매뉴얼이나 일 관계 서류, 여분의 기저귀, 아이들 행사에 사용하는 도구, 1인 1개의 방재 세트도 여기에 보관합니다.

어질러진 방을 정리하는 기술 07

무엇이든 '한 번에 꺼낼 수 있도록' 정리하면 귀찮음이 확 줄어든다

물건을 꺼낼 때의 기본은 '원 액션'입니다. 무엇을 꺼내더라도 무조건 쉽게 꺼낼 수 있게 하는 것이 핵심이죠. 저처럼 정리에 미숙한 사람은 해야 할 동작이 많아질수록 점점 정리를 손에서 놓게 됩니다.

물건을 꺼내기 위한 동작이 많아지면 되돌려 놓을 때도 동일하게 반복해야 하므로 '귀찮으니까 대충 의자에 걸쳐둬야지'부터 시작해서, 방이 다시 점점 어질러지는 악순환을 반복하게 됩니다.

제가 식기를 겹치지 않고 세워서 수납하는 것도 한 번에 꺼내기 쉽기 때문입니다. 바로 꺼내고 바로 넣어둘 수 있을 뿐만 아니라, 위에서 봤을 때 무엇이 어디에 있는지 한눈에 파악할 수 있습니다.

냉장고 안의 밀폐용기와 같이 어쩔 수 없이 겹쳐서 수납해야 하는 경우에는 내용물을 파악할 수 있도록 반투명 용기를 사용하거나, 라벨을 붙여서 보관합니다.

또한 문구류나 식기류 등은 한 칸에 한 종류로 나누어 수납합니다. 보면 무엇이 있는지 바로 알 수 있기 때문입니다. 게다가 색연필이나 크레파스 등은 아이들이 사용할 때 서랍째로 테이블 위에 두면 모두가 나누어 쓰면서 그림을 그리거나 숙제를 할 수 있어서 아주 좋습니다.

식기류는 무인양품의 폴리프로필렌 파일박스를 사용합니다. 전체를 파악할 수 있도록 세워서 수납하기 용이합니다.

가족 모두가 사용하는 문구류는 누가 봐도 한눈에 알 수 있도록 라벨을 붙여 종류별로 분류, 연필깎이와 연필도 함께 수납합니다.

CHAPTER 1

화장실 휴지는 구입하면 바로 패키지를 벗겨서 화장실 수납장에 보관합니다.

    상품 패키지의 경우 구입하면 바로 벗겨서 보관하는 것도 효율적인 방법입니다. 예를 들어 12개 롤의 화장실 휴지를 구입했을 때, 꼭 패키지를 모두 벗긴 뒤 수납합니다. 여분의 양을 파악할 수 있어서 좋고, 꺼낼 때마다 패키지를 벗겨야 하는 번거로움도 없습니다. 1~2분의 짧은 수고도 반복되면, 쌓이고 쌓여서 나름의 시간이 듭니다. 갑 티슈나 낫토 패키지도 마찬가지입니다.

    처음에 패키지를 모두 벗겨내서 나머지 11번이 편해진다면 꼭 해두는 것이 좋겠지요.

    그렇게 된다면 다음에 사용하게 될 때는 미리 패키지를 벗겨둔 자기 자신을 칭찬하게 될 것입니다.

저는 귀찮다는 생각이 들면 정말 아무것도 하고 싶지 않습니다. 그래서 항상 '지금 내가 하는 일은 미래의 내가 편해지기 위해 하는 일'이라고 생각하며 움직입니다. 열심히 정리를 해서 1년 후의 생활이 지금보다 더 편해진다면 정말 수지 타산 맞는 일 아닐까요?

반대로 '그때 미리 해둘 걸' 하고 후회하게 되면, 일상이 흐트러질 뿐 아니라 부정적인 감정이 점점 쌓이게 됩니다. 그러지 않기 위해서는 '과거의 나에게 고마워할 수 있는' 시스템을 만들어두는 것이 좋습니다. 그렇게 하면 마음도 생활도 즐거워지는 선순환이 자연스럽게 이어집니다.

팩에 든 낫토나 두부는 패키지를 벗긴 뒤 정리하여 냉장고에 보관합니다. 꺼내기 쉽고, 남아 있던 한 팩이 냉장고 어딘가에서 발견될 일도 없습니다.

어질러진 방을 정리하는 기술 08

"깔끔한 것이 무조건 좋은 것은 아닙니다"
생활에 맞는 실용적 정리

정리수납에 있어 정리가 80%라고 하지만, '깔끔함'만 우선시하다 반대로 생활이 불편해지는 경우도 있습니다.

예를 들어 큰 텔레비전 받침대는 없는 것이 훨씬 깔끔하지만, 여기에 물건을 수납해서 일상생활의 효율성이 좋아진다고 하면 텔레비전 받침대는 있는 것이 좋습니다.

보기 좋게 하기 위해 자주 쓰는 물건을 옷장 속에 넣어두면 정작 써야 할 때 옷장을 열고, 또다시 그 안의 서랍을 열어야 하는 수고를 해야 합니다. 깔끔함만을 우선시하다가 오히려 번거로워지는 것이죠.

그래서 저는 '깔끔함'과 '효율성'의 균형을 잘 맞추려고 노력합

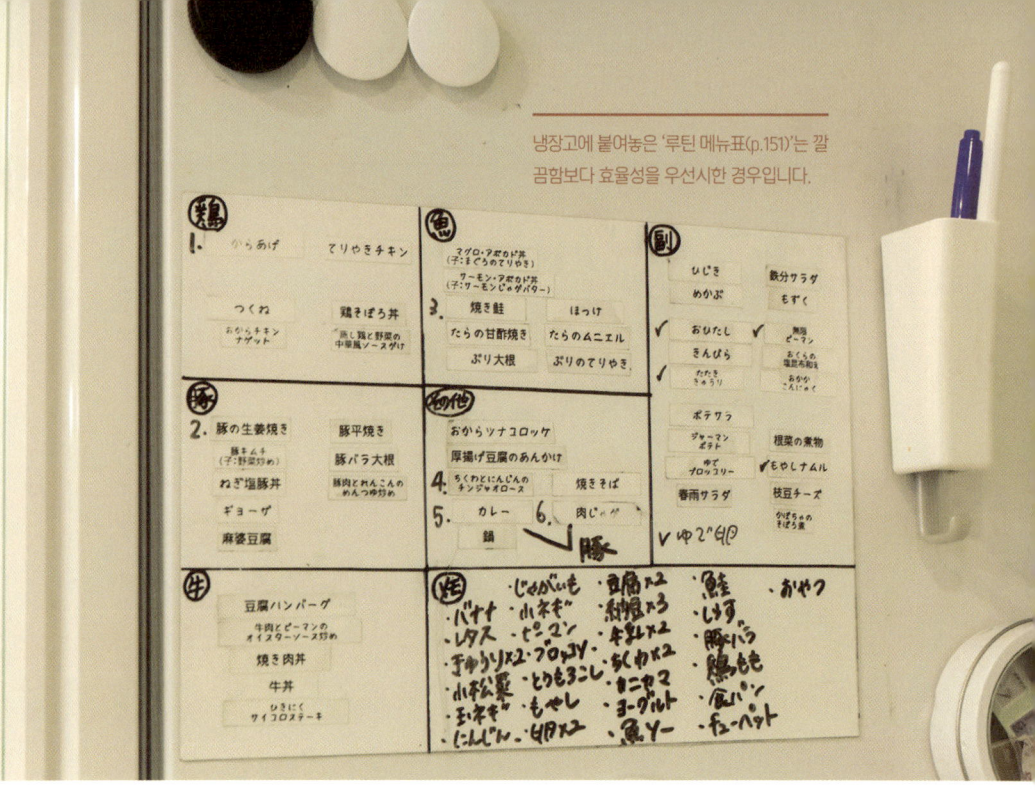

니다. 벽에는 아무것도 붙이지 않는 것이 깔끔하지만, 우리 집은 아이들의 게시판을 벽에 걸어두었습니다. 아이들이 스케줄 관리를 비롯하여 스스로 해야 할 일을 체크하기 위해서는 벽을 이용하는 것이 가장 효율적이라고 판단했기 때문입니다.

또한, 냉장고 옆에는 단골 메뉴를 추려서 만든 일주일간의 '루틴 메뉴표'를 붙여둡니다. 삐뚤빼뚤 손 글씨로 썼지만, 다 써가는 조미료를 함께 써두면 깜빡하는 일도 줄고, 메뉴표를 보며, "오늘 저녁은 1번이 좋겠어"와 같이, 아이들과의 대화 화제가 되어주기 때문에 아주 중요합니다.

CHAPTER 1

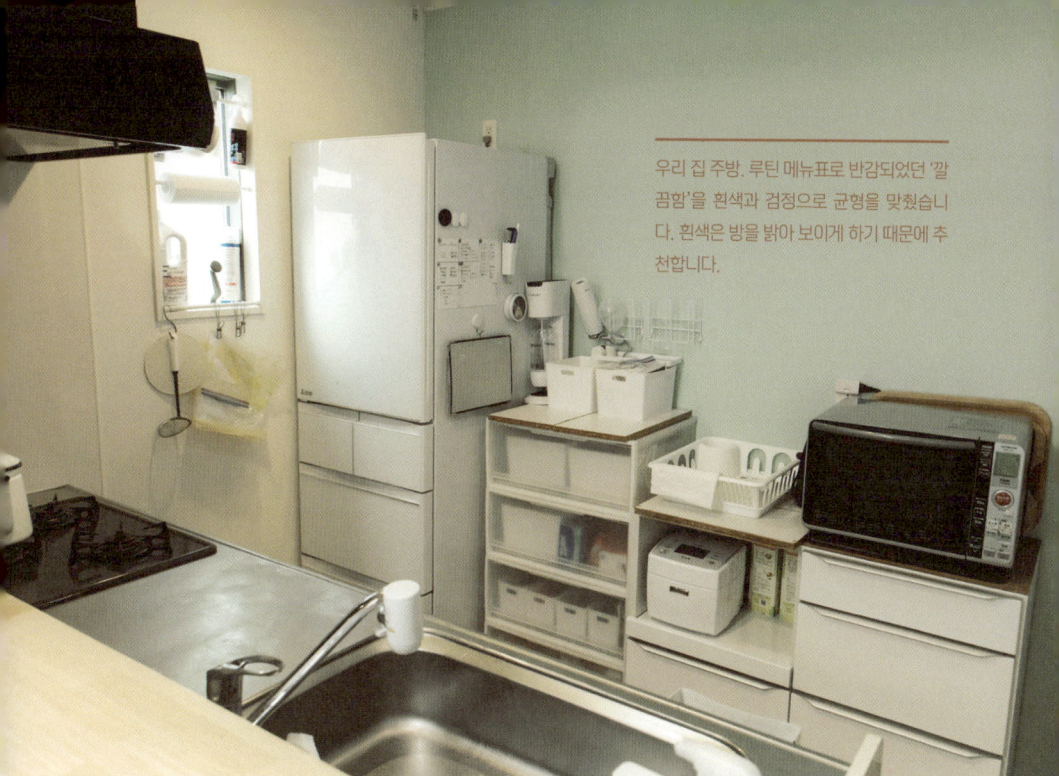

우리 집 주방. 루틴 메뉴표로 반감되었던 '깔끔함'을 흰색과 검정으로 균형을 맞췄습니다. 흰색은 방을 밝아 보이게 하기 때문에 추천합니다.

    만약 글씨 때문에 깔끔해 보이지 않는다면 인테리어 색으로 커버할 수 있습니다. 색에 대해 고민하고 있다면, 흰색이나 검은색을 추천합니다. 저는 방은 밝아 보이는 것이 좋아서 흰색으로 통일했습니다.

    여러분도 생활에 맞춰 '깔끔함'과 '효율성'을 적절하게 나누어 보면 어떨까요?

어질러진 방을 정리하는 기술 09

정리는
뺄셈이 핵심

정리수납에서 가장 실수하기 쉬운 것이 '채우는 것'에 집중하는 것입니다. 여백이 생기면 뭔가를 더 채워 넣어야 할 것 같은 기분이 드는 것이죠.

제가 지금 살고 있는 집에 이사 올 당시, 주방 카운터의 밑은 텅 비어 있었습니다. 넣을 물건도 없고 해서 빈 상태로 두었는데, 그것을 본 엄마가 "여기 뭐가 넣을 수 있지 않아?"라고 하였죠.

방이 엉망진창일 때의 저도 그랬지만, 우리는 여백이 생기면 바로 무언가를 채워 넣으려는 심리가 작동합니다. 하지만 정리와 수납에 있어서 여백을 메우려는 생각은 좋지 않습니다.

정리를 할 때는 덧셈보다 뺄셈이 중요합니다. 그래서 저는 가지고 있는 물건을 깔끔하게 수납하는 것이 아닌, '물건을 줄여서 어떻게 하면 수납을 비롯하여 시간과 마음에 여백을 만들 것인가'에 대해 고민하였습니다.

잘 생각해 보세요. 사용하는 물건을 정리하여 어렵게 여백이 생겼는데, 거기에 다시 무언가를 채운다는 것은 주객이 전도된 일 아닐까요?

여백이 생기면 '우와! 여백이 생겼다'며 즐기는 여유를 가져보세요.

여백이 생긴 것은 물건이 줄었다는 증거입니다. 빈 공간을 아끼고 사랑하는 여유를 가져보면 어떨까요?

어질러진 방을 정리하는 기술 10

서로의 공간은 존중하면서
깨끗하게 살기 위한 부부 대화법

인스타그램 팔로워로부터 남편이 물건을 너저분하게 쌓아두거나, 물건을 버리지 못해서 힘들다는 고민 상담을 꽤 받습니다. 너무나 공감이 갑니다. 저희 집도 그랬으니까요. 부부라고 하지만 엄연히 타인이죠. 그렇기 때문에 서로를 존중하는 자세와 대화가 꼭 필요하고, 함께 살려면 일정한 규칙이 있어야 합니다.

서로 상의하면서 함께 정리하는 것도 하나의 방법이고, '당신 방에 관해서 나는 신경 쓰지 않을 테니 얼마든지 쌓아두어도 상관없어'라고 해도 좋습니다. 단, 개인 물건을 공용 공간에 둔다면 바로 버린다는 규칙을 정하면 물건을 버려도 불평은 할 수 없겠지요.

저희 남편은 피규어를 모으는 취미를 가졌습니다. 그래서 무슨 일이 있어도 자신의 컬렉션을 장식하고 싶다고 말합니다. 하지만 "연년생 남자아이들이 있잖아. 반드시 망가질 거야"라고 말하면, "비싼 건데 그러면 곤란해. 그럼, 유리 케이스에 장식하는 건 어때?" 라며 끈질기게 저를 설득합니다. "아니, 케이스도 망가지고, 아이들까지 다친다니까"라고 받아치죠. "그리고, 피규어를 장식해 두면 청소가 힘들어지는데 청소는 내가 하잖아?"라며 입씨름을 합니다. 결국 "그럼 화장실의 장식 선반은 어때? 딱 장식할 수 있는 만큼만" 이렇게 결론을 내었습니다.

　이렇게 남편의 '여기까지라면 노력할 수 있다'와 저의 '여기까지는 양보할 수 있다'라고 서로 조정하여 정한 규칙은 반드시 지켜야 합니다. 규칙을 정하지 않은 상태에서 마음대로 남편의 물건을 버려서 싸움이 나면 끝이 좋지 않습니다. 그렇기 때문에 먼저 대화를 한 다음, 실행 과정에서 서로의 놓친 부분을 찾아내는 것이 앞으로 부부가 기분 좋게 지낼 수 있는 방법입니다.

　게다가 "우리 가족이 생활하는 방이니까, 6명 모두 안락하게 지낼 수 있도록 함께 만들어가자"고 말한다면 남편은 반드시 이해해 줄 것입니다.

　서로 상의하고, 표현해서 솔직하게 탁 털어놓을 수 있는 관계를 만들어 가는 것이 가족 모두가 기분 좋게 생활할 수 있는 비결일지도 모릅니다.

┌─ 어질러진 방을 정리하는 기술 11 ─┐

옷을 여러 벌 사지 말고, 있는 옷을 알뜰히 입어 없애기

우리 집은 침실의 가족 옷장에 가족 전원의 옷을 수납합니다. 옷의 양은 스틸 수납장에 넣는 것을 전제로, 1인당 3세트가 기본입니다. 파자마는 2세트, 속옷이나 양말은 1인 3~5장 정도입니다. 어른 옷은 그렇게 더러워지거나 찢어지는 일이 없어서 새로 사는 사이클이 정해져 있지 않지만, '하나를 사면, 하나를 버리는 1in, 1out' 규칙을 철저하게 지킵니다. 또한 저는 옷 고르는 센스가 워낙 없어서 어울리는 옷만 고정적으로 돌려 입기 때문에 사복이 거의 교복과도 같습니다. 그렇기 때문에 오히려 유행에 영향받지 않게 되어서 옷을 많이 사지 않게 되었습니다.

선반 위의 상자에는 계절 아이템을 넣어 사람별로 관리합니

침실에 있는 우리 집 가족 옷장. 상단 왼쪽이 남편, 오른쪽은 제 옷입니다. 하단 왼쪽은 아이들이 지금 입어야 하는 옷(좌부터 첫째, 둘째, 딸), 오른쪽이 아이들의 다른 계절 옷입니다. 위에 있는 상자에는 사람별로 수영복, 샌들, 파자마, 속옷 등을 수납하고 있습니다.

다. 이렇게 하면 누가 무엇을 얼마나 가지고 있는지 한 번에 파악할 수 있습니다. 아이들 옷도 한 사람당 계절별 3세트가 기본입니다. 하지만 딸의 옷만큼은 일주일 동안 매일 다른 옷을 갈아입을 수 있는 7세트까지 두고 있습니다.

수용 능력이 부족한 저에게는 여기까지가 관리할 수 있는 한계입니다. 이렇게 해도 아이가 4명 있는 6인 가족이기에 상당한 양입니다.

이 정도의 양이면 계절마다 새로 사서 바꿔 입기 때문에 계절이 끝날 때마다 옷을 정리할 필요도 없고, 사이즈가 맞지 않는 일도 없습니다. 있는 옷을 마지막까지 입다 보니 어느새 옷이 낡아도 아깝다는 생각이 전혀 들지 않습니다. 옷은 자주 입는 것에 가장 큰 의미가 있는 것이라 생각됩니다.

전에 선물 받은 브랜드 우주복을 겨우 두세 번 입혔는데 사이즈가 작아져서 아깝게도 입히지 못한 경우가 있습니다. 옷을 선물한 사람에게도 미안한 일입니다. 그래서 '물건은 모셔두는 것이 아니라 쓰임새를 다할 때까지 잘 쓰는 것'이 중요합니다.

많은 분들이 물려줄 옷은 언제까지 보관해야 할지 묻습니다. 저는 상태가 좋은 아동복이라 해도 보관은 3년까지로 정했습니다. 그 이상은 수납공간 확보나 관리도 어렵고, 5년, 10년이 지나면 엄마도 아이들에게 입히고 싶은 옷의 취향이 변합니다. 저는 첫째 아들과 둘째 아들이 어렸을 때, 화려한 옷을 좋아했습니다. 그중, 한

벌만 추억의 옷으로 남겨두고 막내가 태어났을 때 입히려고 했는데, 그때는 이미 저의 취향이 심플한 스타일로 바뀌어서 결국 입히지 못했습니다. 지금은 한 벌에 몇백 엔 하는 옷도 많이 있고, 아이들도 물려 입는 옷보다 새 옷을 더 좋아합니다.

아이들 옷은 기본 1인 3벌. 낡을 때까지 입히고, 계절마다 새로 구입합니다.

> 어질러진 방을 정리하는 기술 12

어떤 장난감을 얼마나 가지고 있을지 아이 스스로 판단하게 하기

아이들이 있는 가정에서 정리를 할 때, 머리 아픈 것 중 하나가 장난감 수납입니다. 저희 집도 많은 시행착오 끝에 지금의 형태로 정착하게 되었습니다. 그것은 자주 가지고 노는 것만 추려서 수납상자에 넣고, 그 수납상자가 넘치는 상태가 되면 물건을 줄이는 것입니다.

한때는 쓰기 편하도록 아주 세세하게 나눈 적도 있었지만, 세분화시켜 나눌수록 아이들이 정리를 하지 않아서 결국 그만두었습니다. 아이들도 지금의 방식을 더 좋아하는 것 같습니다.

자주 가지고 노는 장난감과 그렇지 않은 장난감의 정리는 정기적으로 하는데, 이때도 '자주 가지고 노는 것을 수납상자에 집어

넣기만 하면 된다'를 규칙으로 지키고 있습니다.

장난감 정리는 크리스마스나 생일처럼 장난감이 늘어나는 시기 직전에 하는 게 좋습니다.

가끔은 갑자기 장난감을 받을 때도 있는데, 이때도 장난감이 상자에 담을 수 있는 양보다 많아지면 정리하기로 한 규칙은 철저하게 지킵니다.

장난감 정리는 아이들과 함께합니다. 처음에는 어떤 장난감도 버리고 싶어 하지 않지만, "이거 가지고 놀아?" "어떤 놀이에 쓸까?" 하고 물어보며 스스로 물건의 필요성을 생각해 보게 하면, 아이들도 자연스럽게 판단하는 힘을 키울 수 있습니다.

우리 집 장난감 수납

1. 흩어져 있는 장난감을
2. 수납상자에 넣기만 하면 끝!
3. 상자를 제자리에 가지런히 놓으면 보기에도 깔끔합니다.

아이들과 함께 물건을 정리한 것은 5살 무렵부터인데, 그때까지는 장난감을 1군과 2군으로 나누었습니다. 2군인 장난감은 옷장에 놔두었다가, 가끔 1군 장난감과 바꾸어 주면 새로운 장난감이 생긴 느낌이 들어 아이들이 매우 즐거워했습니다.

장난감의 적정량은 가정마다 다를 수 있습니다. 중요한 것은, 지금 가지고 있는 장난감을 하나하나 살펴보며 아이와 함께 적당한 양을 정하는 것입니다.

아이들도 기준을 모르면 장난감을 정리하기 힘들어 합니다. '쓰지 않는 것은 내보낸다' '정해진 수납함에서 넘쳐나는 것은 그만큼 버린다'는 규칙을 부모가 정해주세요.

또한 할머니, 할아버지에게는 사전에 장난감을 사주는 것은 '특별한 때만'이라고 부탁하세요. 이런 요령들을 통해 물건을 늘리지 않는 것이 중요합니다. 장난감이 너무 많아져서 정작 방 안에 놀 공간이 없어지면, 그야말로 주객이 전도되는 상황입니다. 공간의 여유를 확보하여 즐겁게 놀기 위해서는 한계를 정하고, 늘어나면 '다시 정리하기'를 철저하게 지키세요.

어질러진 방을 정리하는 기술 13

1인 1박스만 보관하는
우리 아이 '작품 박스' 정리법

아이들의 작품은 좀처럼 버리지 못하는 것 중 하나입니다. 저는 1인 1박스씩 '작품 박스'를 준비하고, 그 안에서 엄선하여 보관합니다.

유치원 때까지는 제가 골랐지만, 초등학생부터는 스스로 정하도록 했습니다. '나는 이 그림은 꼭 남겨두고 싶어'라는 의견도 반영하지만, 상자에 채울 수 있을 만큼만 수납한다는 원칙은 꼭 지킵니다.

아이들의 작품을 사진으로 남기는 방법도 생각했지만, 아이들이 많기 때문에 아무리 엄선해도 사진을 찍고 정리하는 데 드는 시간과 수고가 만만치 않아 결국 포기했습니다. 게다가 애착이 많이 가는 것만 남기는 것이 나중에 꺼내어 볼 때도 감동이 더 큽니다.

크레파스로 그린 그림 옆에 작은 지문이 남아 있는 것을 보면서 '이렇게 손이 작았나.' 생각하며 추억에 잠기는 것도 실제 작품이 남아 있기 때문이겠죠.

상자는 세로 32cm, 가로 35cm, 높이 32cm 정도로 크지 않지만, 4개나 되어서 공간 많이 차지하기 때문에 이것이 한계입니다. 상자보다 큰 그림 용지 등은 접어서 파일로 보관합니다.

첫째 아들의 작품 박스. 이케아의 세나TJENA를 사용. 이 박스에만 보관하기로 정했습니다.

첫째 아들의 성장을 추억할 수 있는 작품들. 그대로 보관하거나, 큰 사이즈의 작품은 접어서 파일링합니다.

CHAPTER 1

> 어질러진 방을 정리하는 기술 14

정리를 시작하기 전에
알아두면 좋을 주의점 5가지

정리를 결심하고 첫발을 내디딘 당신, 정말 잘하고 계십니다. 시작하기로 마음먹은 그 용기만으로도 충분히 칭찬받아 마땅합니다. 하지만 그 결심이 흐지부지되지 않도록, '정리할 때 빠지기 쉬운 실수들'을 먼저 알아두면 훨씬 도움이 됩니다.

1. 정리보다 수납에 골몰하는 것

몇 번이나 말하지만, 정리수납의 80%는 '정리'입니다. 정리를 하며 같이 수납 방법을 고민하기보다는 먼저 쓰지 않는 물건을 버리는 것에 전념하세요. 수납 고민은 마지막 단계라는 것을 잊지 말기 바랍니다.

2. 여백을 가만두지 않는 것

'빈 공간에는 무언가 채워 넣어야 한다'고 무심결에 생각하기 쉽지만, 무엇을 꼭 채워 넣을 필요는 없습니다. 수납할 필요가 생기면 그때 생각해도 늦지 않습니다. 모처럼 생긴 여백을 충분히 즐기시기 바랍니다.

3. 무턱대고 수납물품부터 사기

이것도 몇 번이나 이야기했지만, 물건을 정리하면 수납 기술은 따로 필요하지 않습니다. 수납 기술에 한눈팔려 불필요한 수납물품을 사지 않도록 주의하세요.

4. 신데렐라 핏 수납*에 목을 메는 것

본래 '신데렐라 핏'은 '자신의 상황에 딱 맞다'는 의미입니다. 넣을 물건이 없는데 억지로 수납공간을 꽉 채울 필요는 없습니다.

5. 타인의 물건을 마음대로 버리기

1년 이상 방치되어 있던 남편의 서류라도 반드시 확인을 하고 버려야 합니다. 아이들 물건도 마찬가지입니다. 왜 필요한 것인지 명확하면 수납상자에 넣을 수 있는 범위 내에서 보관합니다.

◆ 신데렐라 핏 수납 | 수납공간에 물건이 딱 맞게 채워져 있는 상태.

어질러진 방을 정리하는 기술 15

집이 다시 지저분해진다면
생각해 봐야 할 것들

냉장고 1단에서 시작한 정리를 드디어 집 전체까지 끝냈다면, 이제까지 맛보지 못한 개운함을 느끼게 되었을 것입니다. 하지만 잠깐, 정리는 한 번 하면 그것으로 끝일까요? 정리수납도 다이어트와 마찬가지로 물건을 사는 방법과 사용하는 습관을 바꾸지 않으면 다시 원래대로 돌아옵니다.

물건이란 나가는 양보다 들어오는 양이 압도적으로 많지요. 물건들은 마음대로 잘도 들어오는데, 나가는 것은 좀처럼 내 마음대로 되지 않습니다. 그래서 우리는 예전으로 다시 되돌아가지 않기 위해 바로바로 정리해야 합니다.

예를 들어 학교나 유치원, 어린이집 알림장은 받자마자 확인하고, 필요한 것 이외에는 바로 버립니다. 수업 참관 알림이라든가 시간표, 급식표 등은 아이들의 게시판에 붙여둡니다. 쌓아두면 쌓아둘수록 귀찮아지니까 이렇게 조금씩 정리할 수 있는 것은 그날 바로 합니다.

이사나 이직, 출산이나 아이들 입원, 입학, 진학 등 '인생의 한 단락'을 마칠 때는 마음껏 물건을 정리할 수 있는 타이밍입니다. 또한 집을 정리 후, 실제로 생활해 보면 생각보다 편하지 않을 때도 있습니다. 이런 불편함이 느껴지는 경우는 지금의 생활에 맞지 않는 것이니 수납 장소나 물건의 양을 조정하도록 합니다. 새로운 것이 생겼을 때나 물건이 수납함을 넘치는 경우도 마찬가지입니다.

조정이라 해도 이미 큰 규격이 정해져 있기 때문에 대공사까지는 필요 없습니다. 계속 정리를 하면서, 집안이 어지러워지는 것을 방지하세요.

그럼에도 다시 정리가 안 될 경우에는 다른 원인이 있을 것입니다. 다음과 같은 경우에는 확실하게 대책을 세웁시다.

> 정리수납이 다시 잘 안 되는 원인

1. 정리하기 전과 같이 행동한다

모처럼 정리를 해도 어질러져 있던 시절과 같은 행동을 반복하면, 다시 또 돌아가는 것은 당연한 일입니다. 편리한 물건들이나 유행에 휘둘리고 있지 않은가, '한 개를 사면 한 개를 버린다'를 철저하게 지키고 있는가 등을 물건 사기 전 스스로 물어보세요.

2. 정리 방법이 이도 저도 아닌 경우

처음에 모든 물건을 다 꺼내 놓고서 필요-불필요를 제대로 생각하지 않고 대충 수납을 하면 다시 어질러지기 쉽습니다. 청소가 제대로 안 된 장소의 물건들을 전부 꺼낸 다음, 필요-불필요의 판단을 철저하게 해야 합니다.

3. 물건의 장소가 정해지지 않은 경우

물건을 넣어둘 장소가 있어야 비로소 정리는 완성됩니다. 장소가 정해지지 않으면 어질러지는 것은 당연합니다.

4. 수납 장소와 행동 동선이 맞지 않다

필요한 물건만 추린 후에는 사용 빈도나 동선에 맞춰 수납 장소를 생각해야 합니다. 본인의 동선 안에 자주 사용하는 물건이 있는지 확인해 보세요.

5. 정리=자신의 시야에서 없애는 것이라는 착각

정리수납은 물건이 눈에 띄지 않도록 옷장에 쑤셔 넣는 것이 아닌, 매일 반복하는 일상을 보다 편리하게 하기 위한 것입니다.

6. 한 번에 무리하게 정리한다

정리에 대한 열정이 과해지면 '정리수납 과잉상태'가 되어, 이것저것 지나치게 버리다, 정리 이후 오히려 생활이 불편해질 수 있습니다. 먼저 서랍 1단부터, 조금씩 차근차근 정리해 가면 '정리 두뇌'가 만들어지고, 필요-불필요의 판단 기준도 조금 더 명확해집니다.

이 책에서 소개하는 정리의 최종 목적은 쓸데없는 소비를 줄이는 것입니다. 그때 필요한 마음은 '가지고 있는 물건을 모두 파악하고 있고, 가지고 있는 목적이 명확하며, 행동 동선에 맞춰 위치가 정해져 있는, 타협 없이 선택했기 때문에 정말 마음에 드는 물건만 함께 한다'입니다.

방이 정리되고, 집에 있는 것이 가장 쾌적하다면, 쓸데없는 외출과 비용도 줄어듭니다. 어딘가 절에 가서 기도를 하는 것보다 집을 정리하는 것이 훨씬 금전운이 생길 정도로 이득입니다. 정리한 우리 집은 가족들에게 있어 최고의 '충전소'가 될 것입니다.

자, 그럼 바로 정리를 시작해 볼까요?

Chapter 2

0엔을 1,000만 엔까지 불린 엄마의 돈 관리법!

저축도 없고 지식도 없는
돈에 둔감한 왕초보 엄마

Before ⟶

땡전 한푼 없는 빚쟁이 시절

솔로시절, 제2금융권에서 총 100만 엔을 빌리고, 그때부터 꼬박 1년에 걸쳐 겨우 다 청산하게 된 경위는 앞에서도 언급했었습니다. 그 후, 27세에 결혼을 했을 시기는 빚은 없었지만 저축도 전혀 없는 상태였습니다. 물론 돈에 대한 지식도 전무했죠. 있으면 있는 만큼 쓰고, 자녀수당은 보너스로 생각할 정도로 정말 말도 안 되게 돈에 관해서 무지했습니다.

그러다 첫째 아들이 태어나고 3개월이 지났을 무렵, 어느 날 국민연금 미납 청구서와 주민세 청구서가 날아왔습니다. '이번에 해결하지 못하면 계속 권고장에 쫓기게 된다'는 불안감에 결혼 축의금과 출산 축하금으로 가지고 있었던 60만 엔 정도를 털어 넣고 나니, 순식간에 저축이 전혀 없던 상태로 다시 돌아가게 되었습니다.

나 혼자라면 모를까, 아이들도 있는데 또다시 빚을 졌던 그때의 생활로는 절대로 돌아가고 싶지 않았습니다. 그래서 저는 아이들 한 사람당 교육비 1,000만 엔씩 저축하기로 결심하였습니다.

CHAPTER 2

열공과 시행착오 끝에 만난
우리 집만의 특별한 가계 관리!

1,000만 엔을 저축하다

비장하게 마음을 먹었지만, 그때까지 돈에 무지했던 저는 어디서, 어느 정도의 돈이 낭비되고 있는지 가늠조차 할 수 없었습니다.

그래서 가장 먼저 식비부터 줄여보려 했지만, 전혀 효과가 없었습니다. 잡지에 나와 있는 가계부 작성법 등을 읽어 보아도 수입이나 가족 구성, 살고 있는 장소나 인생의 가치관이 너무 달라서 무엇을 기준으로 삼아야 할지 전혀 감도 잡지 못했습니다.

그래서 가계 관리를 잘하는 사람들이 쓴 책을 찾아 읽기 시작했습니다. 당시에는 책을 사는 비용도 부담스러웠고, 주민세를 내고 있는 만큼 도서관을 활용해야겠다는 생각이 들어 아이들은 책을 읽고, 저는 그 옆에서 돈 관리에 관한 공부에 몰두했습니다.

그렇게 지식을 얻어가던 중 알게 된 것이 '가계 관리에는 어느 정도의 수입이 있고, 무엇에 어느 정도의 지출이 있는지 현재 상태를 파악하는 것이 가장 중요하다'는 것입니다. 그러기 위해서는 먼저 '고정지출비'부터 정리해야 한다는 것을 깨달았습니다. 식비를 줄이는 것은 오히려 가장 마지막 순서였죠.

고정지출비의 무엇을 어느 정도 줄여야 할지 고민하고 있을 때, 요코야마 마쓰아키 선생님의 '가계의 황금 비율'*을 발견했습니다. 초보자인 저도 알기 쉽게 설명이 되어 있어서 이에 맞춰 차근히 우리 집의 가계를 정리해 나갔습니다.

우선 고정지출비 중에서도 우리 집은 특히 주거 비용이 높았기 때문에 주거 비용이 저렴한 교외로 이사를 결정했습니다. 그 외의 고정지출비 또한 우리 집 상황에 맞춰 점차 조정하면서 지금은 1,000만 엔이 넘는 돈을 모았습니다.

지금에 와서 생각해 보면, 모두가 입을 모아 이야기하는 것이 가장 빠른 루트이며 정답인 것 같습니다.

가계 관리를 검색해 보면, 수많은 책과 정보가 올라와 있습니다. 그런 경험자들이 알려주는 답이 있다면, 안 따라 할 이유가 없지요.

여기에서는 제가 가계 정리를 위해 해보았던 관리법과 절약 스킬을 소개합니다. 해볼 수 있을 것 같은 것이 눈에 띄면 꼭 해보시기 바랍니다.

자, 그럼 방 정리를 했던 것처럼 우선은 그냥 시작해 볼까요?

---

* 가계의 황금 비율 | 고정지출비 45%+변동지출비 35%+저축 20%

자신에게 맞는 가계 관리 방법을 발견하면 즐겁게 지속할 수 있습니다.

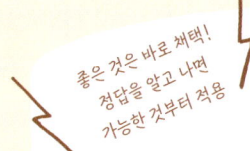

Check

우리 집의 가계 관리술

1
35일 가계부
=
7일×5주간= 35일, 1사이클의 주 단위로 가계를 꾸립니다.

2
봉투를 나누어 현금 관리
=
현금을 사용함으로써 돈의 흐름을 한눈에 보게 합니다. 돈이 나가는 것을 보면 자연스럽게 소비욕구도 줄어듭니다.

3
저축과 투자
(선저축과 적립형 니사)
=
돈이 일하게 하기 위해 아이들 자금은 장기로 투자합니다.

4
절약 기술
=
생활 습관, 후루사토납세◆, 앱테크 등 이용할 수 있는 것들을 적극적으로 활용합니다.

◆ 후루사토납세 | 지방과 대도시의 격차 시정, 인구 감소 지역에 있어서 세금감면대응과 지방 상생을 주목적으로 한 일본의 기부금세제 중 하나로, 2008년부터 시행되었다. 후루사토납세는 자기부담금액 2,000엔을 제외한 금액이 공제의 대상이 되고, 수입, 가족 구성원 등에 따라 금액의 한도도 달라진다.

※ 고향사랑기부제 | 우리나라에서 2023년부터 시행한 기부제도. 자신의 주민등록상 주소지를 제외한 지역을 선택하여 기부하면 세액공제 혜택과 기부한 지자체로부터 답례품으로 지역특산품이 제공된다. (연간 2,000만 원 내 기부가 가능하고, 10만 원까지 전액 공제, 초과금액에 대해 16.5% 공제를 받을 수 있다. 답례품은 기부금액의 30% 범위 내) 온라인은 정부플랫폼 '고향사랑e음' 과 '위기브' 등의 민간플랫폼, 오프라인은 농협은행에서 가능하다.

(돈 관리 초보에서 탈출하는 기술 01)

물건을 쌓아두지 말고 저축하기
물건을 쌓아두지 말고 지식 쌓기
물건을 쌓아두지 말고 체험하기

인스타그램이나 X(구 트위터) 등, SNS에는 매일 이상적인 생활에 대한 글이 올라옵니다. 저 역시 그런 깨끗하고 정돈된 방에서 살고 싶고, 그들의 라이프 스타일을 경험해 보고 싶습니다.

가계 관리에 대한 SNS도 마찬가지입니다. '○○○만 엔을 저축했습니다!'라는 사람의 계정에는 '그 정도의 수입이라면 저축하는 것은 당연하다'는 댓글이 꼭 달려 있습니다. 저 역시 1,000만 엔이라는 금액만 듣고 '저축할 만큼 수입이 많아서 아닌가?'라고 생각했지만, 사실 그렇지 않습니다. 수입이 많아도 저축하지 않는 사람은 돈이 모이지 않고, 수입이 적어도 저축하는 사람은 돈이 모이게 되어있습니다.

10년 전이라면 우리 집에 지금과 같은 수입이 있었더라도 돈을 모으지 못했을 것입니다. 돈을 모으는 사람들은 SNS에서는 보이지 않는 곳에서 지출을 줄이고, 수입을 늘리려는 노력을 열심히 하며 저축하는 시스템을 만들고, 그것을 성실하게 지속하고 있습니다. 의사의 수입이 많은 것은 사실일 것입니다. 하지만 그런 사람들은 학창시절, 저와 비교가 안 될 정도로 공부를 해서 의사가 되었습니다. 연예인들도 마찬가지입니다. 제가 무기력하게 애니메이션을 보고 있을 때 근육운동을 하며 아름다운 몸을 유지하기 위해 노력했을 것입니다.

  보여지는 모습 뒤에는 많은 노력이 숨겨져 있습니다. 그렇기 때문에 겉으로 보이는 결과만 부러워하기보다는, 나는 과연 그만큼 노력하고 있는지 먼저 돌아보는 것도 필요합니다. 부러워만 할 것이 아니라, 그 사람이 무엇을 어떻게 실천하고 있는지 분석하고 직접 시도해 보는 건 어떨까요?

  저도 '이 사람이 하는 것과 내가 하는 것은 무엇이 다르지?' '이 사람이 하고, 내가 하지 않는 것은 무엇이지?'라는 궁금증과 그것을 따라 해보는 것에서부터 시작했습니다.

  도전과 실패가 있었다고 해도 그 과정을 통해 길러진 생활력과 지혜, 행동하는 힘에는 큰 가치가 있습니다. 정보를 보고 그냥 부러워만 하지 말고, 활용해서 자신의 피와 살로 만드세요.

  비교해야 할 것은 타인이 아닌, '과거의 나 자신'입니다. 빚이

100만 엔이었던 시절의 저와 비교하면 지금은 수입 범위 내에서 생활할 수 있게 되었고, 저축도 하게 되었습니다. 저 나름대로 굉장히 성장한 것입니다.

'물건을 쌓아두다→방을 엉망으로 만들다→어질러진 방 때문에 스트레스가 쌓이다→쇼핑으로 스트레스 해소하다→다시 물건이 쌓이다'의 무한루프에 빠져 있던 제가 여기까지 성장한 것은 다음 3가지를 교훈으로 삼았기 때문입니다.

'물건을 쌓아두지 말고, 돈을 저축하자.'

'물건을 쌓아두지 말고, 지식을 저축하자.'

'물건을 쌓아두지 말고, 체험을 저축하자.'

물건을 사는 것으로 스트레스를 해소하지 않으면 낭비는 확 줄어듭니다.

물건을 쌓아두는 대신 독서를 하면 지식이 쌓입니다.

물건을 고르는 대신 돈에 관한 책, 생활의 지혜에 대한 책을 고르면 생활력도 강해집니다.

책에서 얻은 지식만 가지고는 부족한 것이 많습니다. 가계 관리도 그렇지요. 봉투를 나눠서 쓰는 가계부, 영수증만 붙이는 가계부, 가계부 어플리케이션 등 다양한 방법이 있지만, 무엇이 자신에게 맞는지는 직접 해보아야 알 수 있습니다. 우선 해보고, 자신에게 맞지 않으면 다른 방법으로 바꿔야 합니다. 이것은 체험을 통해서만 얻을 수 있습니다. 저 역시 여러 방법을 써보면서 적자 탈출을 위해 가계를 정리해 가던 중, 가계 관리는 '욕망의 우선순위를 정하는 행위'라는 것을 알게 되었습니다.

우리 집은 1년에 한 번 가족 여행은 꼭 가기로 정했습니다. 가족은 물론 저에게 있어서도 최고의 포상이죠. 여행을 갈 수 있다면, 매일 절약과 가계 관리를 아주 열심히 할 수 있답니다.

가족들이 어려움 없이 포상 여행을 가기 위해 오늘도 가계부와 씨름 중입니다.

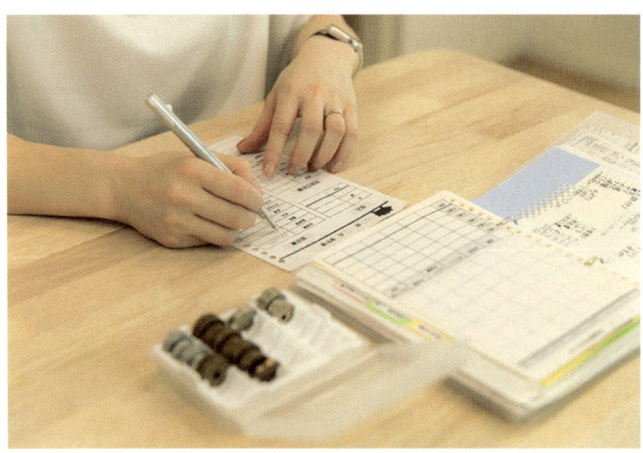

돈 관리 초보에서 탈출하는 기술 02

현금을 사용해 '돈은 쓰면 사라진다'는 감각을 익히기

가계 정리를 처음 시작했을 때 가장 힘들었던 것은 100만 엔을 저축하기까지의 과정이었습니다. 현실의 벽에 부딪히고, 쓰고 싶은 금액과 실제로 쓸 수 있는 금액 사이에서 갈등했고, 욕망과도 끊임없이 싸워야 했습니다. 그 과정에서 올바른 돈의 개념을 새롭게 배우고 몸에 익히는 일이 필요했으며, 한편으로는 내가 당연하게 여겼던 돈에 대한 상식을 스스로 의심하기도 했습니다. 돌이켜보면 이 시기가 저에게 가장 강한 '돈 근육'을 만들어준 시간이었다고 생각합니다.

제가 가장 먼저 한 일은 신용카드를 사용하지 않기로 한 것이었습니다. 처음에는 현금이 부족하면 신용카드로 결제했고, 그러다 보니 다음 달 카드값이 가계에 큰 부담이 되어 적자가 반복되는 악순환이 계속되었습니다. 이 악순환에서 벗어나기 위해 일단 모든 지출을 현금으로 사용하는 규칙을 세웠습니다.

애초에 이번 달(과거)에 사용한 것을 다음 달 수입으로 충당하는 것 자체가 잘못된 것입니다. 그달 사용하기로 한 돈 이상을 쓰는 것은 지양해야 됩니다.

현금만 사용하는 방법은 눈에 보이지 않는 돈의 움직임에 대해 알고 싶거나 유혹에 약한 사람에게 효과적입니다. 저는 고정지출비까지 은행에 가서 직접 송금했던 시기도 있었습니다. 그렇게 돈의 흐름을 보이게 해서 '돈은 쓰면 사라진다'는 감각을 철저하게 몸에 익히고, 그 감각이 몸에 배게 되면 조금씩 신용카드나 체크카드로 돌아가도 괜찮습니다.

저는 모든 신용카드를 봉인한 뒤, 세금을 제외한 월수입의 10%를 먼저 저축하고도 6개월 동안 생활에 지장이 없는 상태가 되었을 때 비로소 고정지출 항목에 한해 카드 결제를 다시 시작했습니다.

지금 사용하고 있는 신용카드. 주로 사용하는 것은 라쿠텐 카드입니다.

CHAPTER 2

> 돈 관리 초보에서 탈출하는 기술 03

가계부를 쓰며 '무조건 예산 안에서 지출하는 방법'을 고민하기

어느 날 저는 팔로워들과 교류하던 중, 가계 관리를 시작하자고 결심하였지만 첫 발을 디디자마자 실패하는 분들이 많다는 것을 알게 되었습니다. 예를 들어 포인트로 구매한 것은 가계부에 쓸 것인가 아닌가, 비닐랩은 식비와 생활용품비 중 어느 쪽인가와 같은 자잘한 부분에 막혀 좌절하고 마는 사람들이 많았던 것입니다. 모두 진지하게 가계와 마주 보며 어떻게든 잘 하기 위해서 노력하는데 이런 작은 부분에서 좌절해 버리는 것은 너무 아까운 일입니다.

    그래서 팁을 알려드리자면 우리 집은 크게 고정지출비, 변동지출비, 특별지출비로 나누어 관리하고 있습니다.

고정지출비

　주거비, 통신비, 보험료, 전기, 가스, 수도비 등, 이 책의 시작에서도 썼지만, 가계를 정리하는 데 있어서 먼저 이 고정지출비부터 줄여야 합니다.

　구체적으로는 기존 통신사 휴대폰에서 저렴한 알뜰폰으로 이동, 보험 정리, 월수입에 맞춰 주거를 옮기거나, 저렴한 이자로 대출을 갈아타는 등의 방법이 있습니다. 고정지출비는 한 번 정리해 두면 지속적인 절약 효과를 누릴 수 있습니다. 계약 절차 등이 귀찮게 느껴질 수 있지만, 지금은 인터넷으로 해결할 수 있는 것도 많습니다. 한 가지 주의할 점은, 고정지출비는 실제 사용한 달과 결제하는 달이 한 달 정도 차이가 난다는 것입니다. 예를 들어 5월분의 청구를 다음 달에 받으니까, 6월 월급에서 내는 것은 5월분이지만, 6월의 가계부에는 그달에 지불한 5월분을 그대로 기입합니다.

변동지출비

　식비나 생활용품 등, 이름 그대로 매월 금액이 변동되는 지출입니다. 우리 집의 변동지출비는 식비, 생활용품비, 주유비, 레저, 외식비, 그 이외 기타 비용을 포함합니다.

　변동지출비는 과잉 지출을 막기 위해 항목별로 예산을 정하되, 전체 변동지출 예산 내에서 자유롭게 사용할 수 있도록 다소 느슨한 기준을 세워두었습니다. 이런 방식이면, 예를 들어 비닐랩이 식비인지 생활용품인지 구분하느라 고민할 필요가 없습니다. 가계부에는 사용한 날짜, 구입한 상점, 금액, 그리고 변동지출비의 잔액만 기록하면 됩니다.

포인트로 지불한 것은 변동지출비에서 사용한 것으로 올리고, 그만큼의 현금을 따로 챙겨두면 평소보다 저축을 좀 더 하거나, 예비비로 모아둘 수 있습니다. 한편, 적자가 될 것 같은 때의 대책으로 포인트를 사용하고, 가계부에는 '포인트로 충당'과 같이 적어두면 포인트 사용분을 포함해서 무엇에 얼마나 썼는지를 다음에 되돌아볼 수 있습니다. 어느 쪽이든 큰 문제는 없으나 중요한 건 '적자를 만들지 않는 것'입니다.

가계부는 나중에 살펴 보았을 때 어떤 점을 개선하면 좋을지에 대해서 알아보기 위한 도구일 뿐입니다. 너무 세세한 부분까지 신경 쓰지 말고, 가장 중요한 '무조건 예산 안에서만 지출할 것'을 기억하세요.

2022년 4월 가계부

2022년 4월 가계부

수입

남편(4/5)		366,528
부인(4/30)		200,000
합계		566,628

저축

예금		162,779
적립형 니사 (남편)	4월분 (5월분까지) 입금완료 ✓	
적립형 니사 (부인)		33,333
이데코 (남편)		10,000 ✓
이데코 (부인)		10,000
저축합계		216,112
저축률		38%

변동지출비 15,000/주

5/1~6/12	
	75,000

고정지출비

주거비	✓	82,200
주차비	✓	6,710
전기	✓	~~12,985~~ 포인트이용 229
가스	✓	~~9,866~~ 포인트이용으로 358
수도		
스마트폰(남편)	✓	~~2,433~~ 포인트이용으로 1,886
스마트폰(부인)	✓	~~2,248~~ 포인트이용으로 0
보험(남편)	✓	5,873
보험료(부인)	✓	2,000
첫째 아들		19,030
둘째 아들		23,450
딸		25,000
용돈(남편)		20,000
용돈 (부인)		5,000
넷플릭스	✓	1,980
특별지출비 적립		69,500
방과후 교실		11,300
고정지출비 합계		275,516

우리 집 고정지출비와 변동지출비의 내역은 이런 느낌입니다.

CHAPTER 2

특별지출비

매월은 아니지만, 연간 반드시 나가는 돈입니다. 자동차세를 내기 위해 적금을 깨거나, 유치원에 1만 엔 가까운 돈을 내야 해서 당황했던 일이 한 번쯤 있지 않나요? 이런 '1~2년 이내에 반드시 지불해야 하는 돈'은 저축과는 별개로 따로 준비해 두면, 예산 외의 지출을 어느 정도 막을 수 있습니다.

특별지출비의 종류에는 생일이나 크리스마스, 어버이날의 각종 선물 비용, 자동차세, 여행, 아이들의 방학 중에 늘어나는 식비, 갑자기 고장 나버린 가전제품을 구입하기 위한 비용 등이 있습니다.

2년에 한 번 지불하는 것(월세 갱신이나 자동차 검사 등)은 1회분 금액을 반으로 나누어 2년 동안 모아둡니다. 하지만, 특별지출비가 너무 많아서 저축을 전혀 할 수 없게 되는 경우도 자주 생기기 때문에 주의가 필요합니다. 이럴 때는 특별지출비를 먼저 계산한 후, 금액이 너무 많을 경우에는 자신이 조정할 수 있는 항목(선물, 여행 비용 등)의 예산을 줄여서 저축할 돈을 확실하게 확보하도록 해야 합니다.

특별지출비 상반기 일람표

1월 예산 (54,000 엔)	1월 (실제로 사용한 금액) (54,340 엔)	4월 예산 (35,000 엔)	4월 (실제로 사용한 금액) (35,000 엔)
월세갱신 40,000 화재보험 5,000 초등3학기 4,000×2 =8,000	→ 40,000 → 6,000 첫째 4,340 둘째 4,000	주차장갱신 40,000 → 초등1학기 6,000×2=12,000 → 유치원 위생비 4,000 시설비 6,000 냉난방 4,000 딸 생일 5,000	40,000 12,000 10,000 → 4,000 → 5,000
2월 예산 (20,000 엔)	2월 (실제로 사용한 금액) (21,000 엔)	5월 예산 (49,000 엔)	5월 (실제로 사용한 금액) (49,000 엔)
진급 20,000	유치원 9,000 문구 12,000	자동차세 36,000 어머니날 3,000 첫째 생일 5,000 골든위크 5,000	→ 36,000 → 3,000 5,000 5,000
3월 예산 (75,000 엔)	3월 (실제로 사용한 금액) (69,500 엔)	6월 예산 (50,000 엔)	6월 (실제로 사용한 금액) (50,000 엔)
봄방학 25,000 라쿠텐 세일 30,000 보험 20,000	→ 25,000 → 29,500 → 15,000	라쿠텐 세일 50,000	→ 50,000
		월 50,000×6 =300,000	278,840 =잔액 21,160

3월 라쿠텐 세일
후루사토납세 19,000
할아버지 생신 3,000
문서철단기 5,000
기타

6월 라쿠텐 세일
콘택트렌즈 12,000
후루사토납세 24,000
아버지의 날 3,000
아이 신발 11,000

9월 라쿠텐 세일
아이옷
콘택트렌즈 12,000

12월 라쿠텐 세일
콘택트렌즈 12,000
남편생일 5,000
명절음식 10,000
타월 5,000

우리 집 상반기 특별지출비 예산과 사용한 금액 내역. 라쿠텐의 슈퍼세일에 맞춰 구입할 것을 메모해 둡니다.

CHAPTER 2

첫째 아들이 태어나고, 3개월쯤 되었을 때, 다시 저축이 0엔으로 돌아간 원인은 원래 매달 내야 했던 국민연금과 주민세 때문이었습니다. 겨우겨우 돈을 모았는데, 예상 밖의 일로 저축이 줄어드는 것에 화가 났습니다. 그래서 앞으로 발생할 수 있는 지출을 먼저 파악하고, 사전에 특별지출비를 준비해 두는 것은 저축을 지속할 수 있는 가계를 만드는 데 꼭 필요한 일입니다.

특별지출비를 보너스에서 꾸려나가는 방법도 있지만, 우리 집은 보너스가 없기 때문에 매월 적립하는 방법을 쓰고 있습니다.

가계 관리의 포인트는 '예상 외의 지출을 어떻게 없앨 수 있는가'입니다. 하지만 경조사만은 미리 파악할 수 없기 때문에, 이런 경우에는 남은 비용을 모아 사용하거나(변동지출비 등의 남은 돈) '예비비'에서 사용하기도 합니다. 그래도 모자랄 경우에는 월 저축액을 줄여서 충당하는 경우도 있습니다.

우리 가족의 가계비 항목 내역

항목	내용
선저축	예금 적립형 니사 이데코
고정지출비	월세 수도난방비 스마트폰 비용 보험료 용돈 아이들 비용(보육비, 급식비, 학습) 서브스크립션 - 신문, 잡지 예약구독
변동지출비	식비 생활용품비 주유비 레저, 외식비 그 외 생활비(의료비, 속옷 등의 의복비, 유치원, 학교의 소액 비용, 이벤트 시의 사진 구입비 등)
특별지출비	예) 월세 갱신비, 연지불 보험료, 생일, 어머니날, 아버지날, 크리스마스, 자동차 관리비, 예방접종, 후루사토납세, 의류비, 락쿠텐 슈퍼세일용, 콘택트렌즈비, 여행 경비, 장기휴가비(봄방학, 골든위크, 여름방학, 겨울방학), 설날 비용(세뱃돈, 해맞이, 설날요리), 아이들 비용(진급비, 학기비, 시설비 등)

돈 관리 초보에서 탈출하는 기술 04

6개월에 한 번씩 보너스가 생기는 '35일 가계부'

우리 집은 현재, '35일 가계부(슬라이드식 가계부)'를 꾸려오고 있습니다. 35일 가계부는 7일×5주=35일을 한 달로 잡고 가계를 꾸리는 방법입니다. 그러나 고정지출비는 매월 정해진 날에 내야 해서 35일로 꾸려나가는 것은 '변동지출비'만 해당됩니다.

   이 방법의 좋은 점은 나에게 주는 보너스를 만들어낼 수 있다는 점입니다. 35일을 한 사이클로 잡으면 보통 한 달 기준인 30일이나 31일을 훌쩍 넘는 기간으로 가계를 꾸리기 때문에 6개월~8개월에 한 번, 대략 한 달분의 변동지출비가 남는 달이 생깁니다. 이렇게 남은 돈이 바로 '나에게 주는 보너스'입니다.

   또한, 7일×5주로 하면, 매주 같은 예산 분배로 생활을 꾸릴 수 있는 것도 큰 장점입니다. 예를 들어 우리 집은 주 1회 장보기로 일주일분의 식재료를 구입하고 만들어 놓는데, 30일이나 31일 캘린더에 맞추면 첫 주와 마지막 주의 2~3일을 위해 따로 예산을 구성해야 하는 번거로움이 있습니다.

주에 한 번 장보기로 월말과 월초에 걸쳐진 한 주간의 식비를 어느 달에 올려야 할지, 예산 구성뿐 아니라 장보기, 반찬 만들기의 루틴도 복잡해집니다. 이것은 우리 집 적자의 큰 요인 중 하나이기도 했습니다.

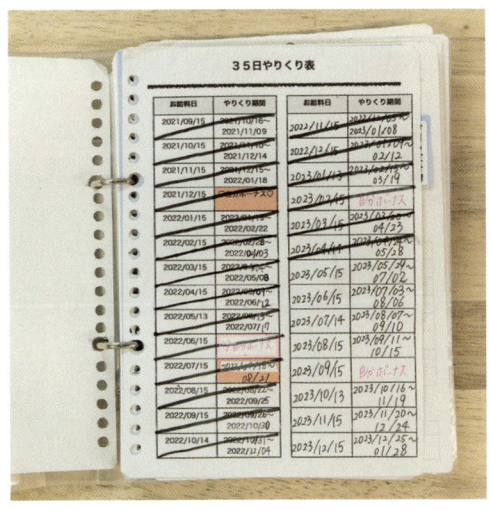

붉은 칸이 나에게 주는 보너스 달입니다. 6개월~8개월에 한 번 돌아오는 보너스이기 때문에 이렇게 모아두면 다음 보너스 시기도 바로 알 수 있어 동기부여가 확실합니다.

CHAPTER 2

하지만, 7일로 정해두면 예산 조절이 안정적이어서 장보기와 반찬 만들기에 낭비가 없어집니다.

물론 처음에는 1개월(30일 기준) 마감보다 예산을 분배해야 하는 일수가 많아서 페이스 조절에 고생을 할 수도 있습니다. 또한, 고정지출비와 변동지출비를 구분하는 데 익숙해지기 전까지는 혼란도 있지요. 다음 생활 주기의 시작까지 변동지출비를 남겨놓아야 할 필요도 있어서 자칫 느슨해지면 남겨둔 돈을 쓰고 싶은 유혹도 생깁니다.

하지만 저도 3개월 정도 해보니 적응이 되었고, 그런 어려움을 빼면 '보너스가 기다리고 있어. 힘을 내자!'라는 확실한 동기부여도 됩니다. 이와 같이 우리 집의 변동비출비는 가계를 정리하기 시작한 무렵에는 월 6만 엔이었다가, 현재는 7만5,000엔까지 올린 상태입니다. 주거지역의 물가나 가족 구성, 생활 패턴, 변동지출비에 들어가는 항목에 따라 다르겠지만, 인스타그램의 가계 관리 계정을 참고하면, 보통 7일에 1만 엔×5주+예비비 1~2만 엔 정도의 가정이 많은 것 같습니다.

앞에서 이야기한대로, 변동지출비는 항목마다의 예산을 설정하고, 7만5,000엔 이내에서 해결이 되면 무엇이든 괜찮은, 그야말로 대충대충 규칙입니다.

그리고 적자가 될 것 같은 경우에는 뒤에서 소개하는 여러 가지 절약 기술을 써보거나 포인트 적극 활용하기, 불필요한 물건을 팔아서 충당하기 등의 방법도 있습니다. 거기다 최악의 경우에는 자신의 용돈으로 부담해야 할 때도 있습니다. 하지만 이런 일도 게임을 하는 느낌으로 할 수 있다면 가계 관리가 한층 재미있어집니다.

35일간 변동지출비 내역의 예

	항목	지출액
변동지출비 6만 엔 의 경우	식비	4만1,198엔 (30일 환산 3만5,310엔)
	생활용품비	3,476엔
	주유비	5,145엔
	레저, 외식비	9,804엔
	기타	1,890엔
	합계	6만1,513엔

1,513엔의 적자이지만

- 식비 4만1,198엔 중, 1만4,608엔은 포인트로 결제하여 현금을 남겼습니다.
- 적자인 1,513엔은 남겨두었던 현금에서 충당합니다.

결과적으로 1만3,095엔 흑자입니다.

35일 가계부의 장점 4가지

1. 나에게 보너스가 나온다

언제 나올지 모를 회사의 보너스와 달리
내가 열심히만 하면 반드시 나옵니다.

2. 지속적인 동기부여가 가능하다

몇 달 뒤, 확실하게 보너스를 받을 수 있습니다.
노력하면 반드시 나오기 때문에
가계 관리에 대한 동기 부여가 계속됩니다.

3. 안정적인 살림을 꾸릴 수 있다

무조건 7일씩 가계를 꾸려나가기 때문에
일정한 배분으로 장보기를 할 수 있습니다.
양 조절 또한 자연스럽게 안정적이 되어서 낭비가 없어집니다.

4. 가끔 생각치 못한 용돈이 생긴다

35일을 주기로 회전하는 것은 변동지출비만 해당됩니다.
용돈은 고정지출비와 동일하게 월급날 지급하므로,
용돈을 변동지출비와 같은 기간동안 쓴다는 느낌으로 사용하면
가끔 용돈이 남는 즐거운 오차가 생길 수 있습니다.

내가 사용하고 있는 35일 가계부. 사용하
기 편리하게 직접 만들었습니다.

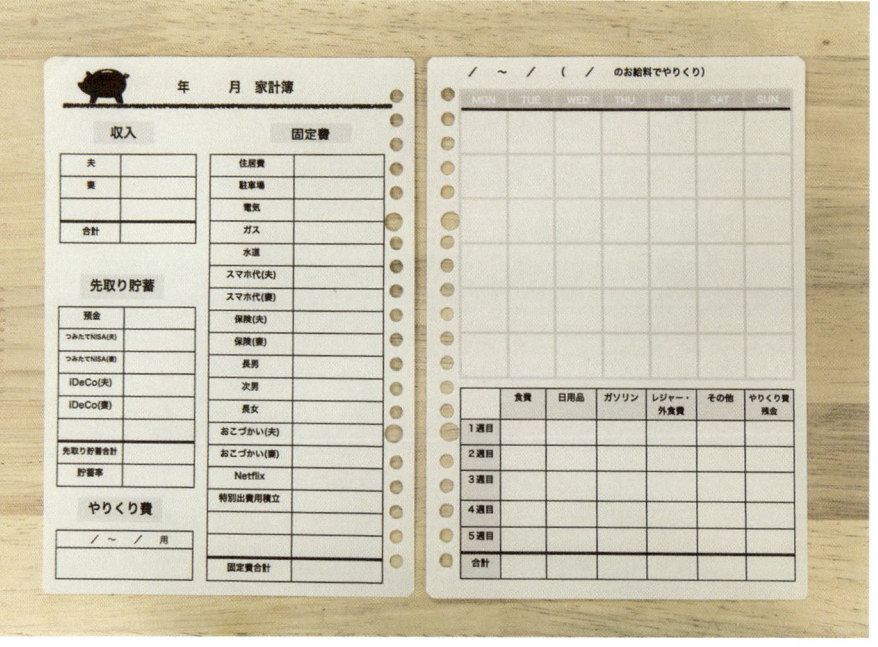

CHAPTER 2

돈 관리 초보에서 탈출하는 기술 05

월급은 현금으로 바꿔 지출항목별로 봉투에 나누어 담아 사용하기

저의 가계 관리의 방법 중 가장 핵심적인 것은 바로 '항목별로 현금을 봉투에 나누어 관리하는 것'입니다. 이 방법은 실제로 수중에 돈이 얼마나 남아있는지 눈으로 볼 수 있고, 더불어 카드가 아닌 현금을 사용할 때 오는 귀찮음을 이용해 소비를 줄이려는 꼼수도 있습니다. 이러한 방법은 저축에 도움이 되기도 합니다.

우리 집은 월급이 들어오면 먼저 고정지출비용 계좌와 저축용 계좌에 인터넷뱅킹으로 입금을 하고(p.118 도표 참조), 나머지는 모두 1,000엔짜리 지폐로 찾아서 현금으로 관리를 합니다. 현금은 아이들 비용(유치원, 학교 등에 현금으로 내야 하는 비용), 부부의 용돈, 특별지출비, 그리고 35일간 변동지출비, 예산 금액 등 항목별로 봉투에 나눠서 넣고, 지출 시 이 봉투에서 꺼내어 씁니다.

앞에서 말한대로 현재 우리 집의 변동지출비는 7만5,000엔입니다. 이 안에서 5주간의 식비, 생활용품비, 주유비, 레저, 외식비, 기타 생활비를 꾸려가고 있습니다.

또한 신용카드 사용의 경우 결제일이 아닌 구입한 날의 지출에 올립니다. 변동지출비에서 현금을 카드 지불용 봉투에 옮겨두면, 깜빡 잊고 돈을 써버리는 경우를 방지할 수 있습니다. 카드 지불용 봉투에 넣은 현금은 다음 달 결제계좌에 입금해 둡니다.

변동지출비만 35일 주기로(1개월 단위의 다른 지출비와 '쓰는 기간'이 길어지기 때문에), 변동지출비용 봉투에 쓰는 기간(○월 ○일~○월 ○일)을 메모해 두고, 써야 할 기간이 오기 전에 미리 쓰지 않도록 주의합니다.

현금을 준비하고, 그것을 다시 지출항목별로 봉투에 나누어 관리하는 것이 귀찮다고 생각할 수도 있지만, 이 귀찮음이 저에게는 필요했습니다. 빚을 잔뜩 졌던 저의 금전 감각을 믿을 수 없기 때문입니다. 게다가 주 1회 한 번에 모아서 장보기를 하면 현금 사용이 그리 어려운 일도 아니고, 또 일일이 현금을 내는 것이 귀찮아서 오히려 쓰지 않게 되는 효과도 있습니다.

물론 지금까지 수많은 도전과 다양한 실패를 경험했지만, 이 경험이 있었기 때문에 현재 저의 성향을 정확하게 파악하고, 그에 맞춰 시스템을 만들 수 있게 되었습니다.

CHAPTER 2

가계 관리와 정리는 아이들의 자전거 배우기처럼 연습만이 답입니다. 누구나 갑자기 탈 수 있게 되는 것이 아닙니다. 반드시 연습이 필요하고, 넘어진 경험으로 감각을 익혀야 탈 수 있게 됩니다. 처음에는 실패하는 것도, 마음처럼 안 되는 것도 당연하다고 생각하며 시작한다면, 자신이 왜 실패했는지 냉정하게 분석할 수 있게 됩니다.

월급이 들어오면 현금 지출분을 모두 1,000엔 지폐로 찾아서, 항목별로 나눕니다. 봉투를 나눌 때 사용하는 파우치는 고마운 무크지 〈금전운이 따라오는 파우치와 함께, 1,000만 엔이 모이는 살림 BOOK〉(베네세 코퍼레이션)의 부록입니다.

우리 가족의 월급 분류법

남편 월급(월급 계좌) - 라쿠텐
- 월세
- 남편 명의 적립형 니사
- 남편 명의 이데코

↓ ↓ ↓

나의 메인 계좌 (라쿠텐)
- 수도난방비
- 스마트폰 비용(2인)
- 남편 보험료
- 첫째 아들 구몬교실 대금
- 아마존 프라임

나의 서브 계좌 (라쿠텐 계좌에서 인출 못하는 것)
- 주차비
- 나의 공제
- 아이들 수영비
- 초등학교 급식비
- 어린이집 보육료

현금
- 현금 지불 (아이들 비용)
- 용돈
- 특별지출비
- 변동지출비

CHAPTER 2

도 관리 초보에서 탈출하는 기술 06

아이들이 성인이 되면
독립시키기 위한 장기투자 방법

첫째 아들이 막 태어났을 때는 축하금까지 털어야 연금이나 세금을 겨우 낼 수 있을 정도로 돈이 전혀 없었기 때문에, 한동안 저축은 엄두도 못 내었습니다. 그래도 자녀수당과 같이 월수입 이외에 생기는 돈은 어떻게든 사수하여 월수입으로 충당하는 것으로 정리하면서, 선저축으로 5,000엔을 저축하기 시작했습니다.

'선저축'이란 월수입에서 저축하고 싶은 금액을 먼저 저축하고, 나머지 금액으로 생활하는 것입니다. '먼저 변동지출비를 사용하고→남은 돈을 저축'하는 형태로는 돈을 쉽게 써버리기 때문에 결국 1엔도 저축할 수 없게 됩니다. 또한, 예금은 바로 인출할 수 있으므로, 돈이 있으면 바로 써버리는 저와 같은 타입의 사람은 적립형 니사나 이데코, 재형저축제도 등의 방법으로 매월 일정액을 강제적으로 넣는 방법을 활용하는 것도 하나의 방법입니다.

우리 집의 현재 저축 목표액이 아이들 4명분의 교육자금 4,000만 엔(학비 500만 엔+생활비 송금 500만 엔=1인당 1,000만 엔)인 것도 아이들은 고등학교 졸업 후, 만 18세가 되면 집에서 독립시키기로 마음먹었기 때문입니다. 그렇지만, 이것을 적금만으로 모으는 것은 아무래도 무리가 있습니다. 그래서 지금은 비상금 이외의 돈은 적립형 니사나 주니어 니사를 활용하여 돈 자체가 일을 하게 합니다.

투자의 기본은 '장기·적립·분산'으로, 그중에서도 적립형 니사는 일정 금액과 기간의 범위 안에서 발생하는 수익에 대한 세금이 면제되기 때문에, 이제 막 투자를 시도해 보려는 사람에게도 매우 좋은 상품입니다.

아이들 한 명 한 명에게 적립하고 있는 라쿠텐 은행 카드입니다.

'투자'라는 말 앞에서 주눅드는 사람도 많이 있겠지요.

그러나 매월 내고 있는 연금도 투자로 운용되고 있고, 은행의 예금, 정기적금도 훌륭한 투자입니다. 하지만, 현재 보통예금에 100만 엔을 1년 동안 넣어두어도 이자는 10엔 정도밖에 안 됩니다. 이러한 상황에서는, 그보다 운용 이익이 높은 투자 대상을 골라 돈을 늘릴 수 있습니다. 물론 투자의 경우 손해를 볼 수도 있습니다. 하지만 투자 기간을 10~15년 이상으로 길게 잡으면 손실 위험이 크게 낮아진다고 알려져 있습니다. 일시적으로 손해를 보더라도 장기 보유하면 가격이 회복될 가능성이 높기 때문입니다.

현재 돈에 관한 책에는 적립형 니사와 같은 투자 이야기가 꼭 나옵니다. 가계 관리에 대한 공부를 하면서 올바른 투자도 함께 배우시기 바랍니다.

투자를 시작하려면

❶ 투자의 기본을 배운다
투자와 투기의 차이와 올바른 투자의 기본을 배우고, 장단점을 비교합니다.

❷ 증권 계좌를 만든다
우리 집 식구들 모두 라쿠텐 증권의 계좌를 가지고 있고, 저는 SBI증권과 PayPay증권에도 계좌를 개설했습니다.

❸ 상품을 고른다
내가 상품을 고르는 기준은
① 신탁보유 0.1% 이하
② 리먼 쇼크를 극복한 펀드인가
③ 적립형 니사의 대상종목에 들어있는가
입니다.

돈 관리 초보에서 탈출하는 기술 07

낭비를 줄여주는
6가지 습관

처음에는 의욕적이던 가계 관리도 시간이 지나면 차츰 시들해집니다. 누구나 원래 살던 대로 사는 것이 편하기 때문이죠. 저같은 경우 그중에서도 문제가 되었던 것이 소비 습관입니다. 귀여운 물건 앞에서 이성을 잃는 습관을 고치기 위해 제가 한 행동을 소개해 보겠습니다.

1. 지갑을 일부러 두고 나간다

아이들의 배웅할 때나 마중 나갈 때, 공원에 산책을 나갈 때 등 아이들과 함께 할 때 돈을 가지고 있으면 아이들이 이것저것 사달라고 조르는 경우가 생깁니다. 한두 개씩 사주다 보면 처음에는 큰 금액이 아니더라도 그것이 쌓이다 보면 꽤 큰 금액이 됩니다.

지갑이 없으면 아이들도 쉽게 납득하고, 사지 않으면 낭비도 없습니다. 단순하지만, 가장 효과적이었습니다.

2. 그게 정말 필요할까? 자문자답하기

무엇인가를 갖고 싶다는 생각이 들면 '그거 정말 필요해?'라고 자문자답하는 습관을 갖게 되었습니다. 일단 멈춰서 냉정하게 생각하면 갑작스런 소비는 대부분 없어집니다. 그리고 이미 가지고 있는 물건으로 대체할 수는 없을지 궁리하다 보면 물건의 다양한 쓰임새가 떠올라 낭비를 줄일 수 있었습니다.

3. 물건을 사서 얻는 이득을 생각해 본다

가지고 싶은 것이 생기면 '구입해서 얻는 효과는 무엇이지?'를 먼저 생각합니다. 시간적인 여유가 생기는가? 건강해지나? 장래적인 면에서 수입으로 연결되는가? 등 나의 생활을 보다 좋게 만들어주는지를 생각하고 효과가 없으면 바로 포기하는 습관을 몸에 익혔습니다.

4. 시급으로 환산해 보는 습관을 만든다

예를 들어 시급 1,000엔을 받고, 일을 한다고 합시다. 어느 날, 편의점에서 무심코 500엔을 쓴다면 자신의 노동시간을 30분 소비한 것이 되지요. 물건을 사기 전 그것이 30분의 노동만큼의 가치가 있는가를 생각합니다. 수천 엔의 물건이라면 '이것을 사면 며칠을 일해야 하지?' '쓸데없는 것은 사지 말자'라고 생각하게 됩니다.

5. 라떼머니를 무시하지 마라

'라떼머니'는 보통 아무 생각 없이 쓰는 커피 값 등의 작은 지출을 말합니다. 돈을 모으지 못하는 사람일수록 이 라떼머니가 많다고 합니다. 저 역시도 마찬가지였습니다. 대표적인 라떼머니가 ATM의 수수료. 100엔 정도의 작은 금액도 쌓이면 몇천 엔이 되죠. 또 다른 것으로 스마트폰의 '단말기 보증금'이 있습니다. 월에 500~1,000엔 정도로 아깝게 나가는 돈입니다. 아주 험하게 막 사용하는 경우를 제외하고는 고장나는 일도 거의 없고, 보증을 받아도 교환 시 몇천 엔까지 내야 하는 경우도 있습니다. 거기에 교환해서 받은 물건이 중고품일 때도 있어서 생각한 것과 다른 경우도 꽤 있습니다. 어차피 2~3년의 수명이라면, 그사이에 돈을 모으는 것이 훨씬 이득입니다.

라떼머니의 또다른 강적은 100엔숍입니다. 싸고 질이 좋아서, 어느새 손이 먼저 나가게 됩니다. 물건을 사러 갈 때는 '구입할 물건을 메모하고, 그 이외에는 사지 않는다'는 강한 의지를 가져야 이 개미지옥과도 같은 곳에서 빠져나갈 수 있습니다.

6. 이상적인 생활을 명확하게 한다

제가 이상적이라고 생각하는 것은 앞에서 서술했던 대로 미니멀리스트인 야마구치 세이코 씨입니다.

그녀처럼 '최소한의 물건으로 쾌적하게 살고 싶다'는 이상적인 생활에 대한 생각이 명확해지고 나서는, 집에 물건을 넣을 때 신중히 고민하게 되었습니다.

이런 과정을 거친 물건으로 둘러싸인 생활이라면 만족도가 높을 수 밖에 없을 것입니다.

이상적인 생활을 하기 위해 읽고, 영향을 받은 다양한 책들.

돈 관리 초보에서 탈출하는 기술 08

식재료 구입의 기준을 세우고, 초과할 경우 '냉장고 파먹기'를 적극적으로 활용하기

우리 집은 주 1회 장을 봐서, 그 재료로 일주일분의 반찬(p.160)을 미리 만들어둡니다. 장보기를 할 때는 '루틴 메뉴표(p.151)'를 기준으로 필요한 재료만 구입하기 때문에, 불필요한 반찬가게 이용이나 외식으로 인한 예산 초과를 막을 수 있습니다.

일주일의 마지막 날은 '냉장고 파먹기의 날'로 정하고 집에 남은 재료만 가지고 메뉴를 만드는 날로, 남기지 않고 먹는 습관을 가지는 것도 식비 절약의 기술 중 하나입니다.

식재료를 버리는 것은 돈을 버리는 것과 같습니다. 냉장고를 비운 덕에 식재료의 낭비가 현저하게 줄어들었고, 만약 마지막 날까지 먹지 못한 식재료가 있으면 그것은 가족의 취향이 아니었다는 것이기 때문에 더 이상 구입하지 않습니다.

　또한 일주일에 한 번, 냉장고를 비우면 냉장고 구석에 시들어 곰팡이가 난 식재료를 발견할 일도 없고, 청소 또한 가볍게 닦는 정도로 끝납니다.

　식재료를 구입할 때 생선이나 고기 등은 원래 100그램에 100엔을 기준으로 하였는데, 최근에는 물가 상승으로 100엔의 규칙을 지키는 것이 쉽지 않아졌습니다. 그래서 저는 100그램에 150엔 정도를 기준으로 삼고 식재료를 고르고 있습니다.

　가장 좋지 않은 것은 기준 없이 적당한 식재료를 사는 것입니다. 물가변동으로 인해 단가의 기준이 변해가는 것은 어쩔 수 없지만요.

식재료는 100그램 150엔 이내를 기준으로 구입합니다.

예를 들어 원하는 식재료가 100그램에 200엔을 한다면 그램당 80엔 하는 다른 식재료를 선택해 총 금액을 맞추거나, 보다 저렴한 식재료로 대체하는 등, 총예산 내에서 구입할 수 있도록 노력합니다.

얼마 전, 양배추 한 통이 250엔이나 하는 것을 보고 깜짝 놀랐습니다. '양배추에 250엔이나 쓸 수 없어!'라는 마음에 양배추를 대체할 수 있는 배추로 식재료를 변경한 적도 있습니다.

연어 1조각에 200엔 이상이 되면 방어를 사서 방어무조림으로 메뉴를 변경하기도 합니다. 낫토나 두부, 튀긴 두부, 유부, 어묵류 등은 고기나 생선 대용으로 사용이 가능하고, 더불어 음식의 양을 늘릴 수 있어 우리 집과 같은 대가족에게 꼭 필요한 재료입니다.

식재료는 루틴 메뉴표를 참고하여 고르지만, 다른 재료로 대체하기도 하고, 그러지 못할 경우에는 하기로 했던 메뉴를 포기하고 메뉴를 변경하기도 합니다. 루틴 메뉴표는 레시피를 보지 않고 만들 수 있는 메뉴만 있기 때문에 다른 메뉴로 바꾸는 것도 손쉽게 가능합니다.

그 이외, 식품 구입에는 2인 이상이 나누면 구입이 가능한 어플 '카우쉐KAUCHE♦'를 이용하기도 합니다. 보통 가격의 20~30% 정도의 저렴한 상품이 많이 있고, 쿠폰도 많이 나와서 영리하게 사용

♦ 우리나라에 비슷한 서비스로는 '어글리어스 마켓'이 있다. 못생긴 친환경, 유기농 채소를 저렴한 가격에 구입할 수 있고, 1인~가구 수에 맞춰 정기배송이 가능하다.

하면 식비가 꽤 절약됩니다.

선호하는 지자체에 기부를 하면 그 사례로 답례품을 받을 수 있는 후루사토납세도 식비절약의 큰 역할을 합니다. 자기부담액 2,000엔을 뺀 금액만 다음 해의 소득세 반환이나 주민세공제의 대상이 됩니다.

예를 들어 5만 엔을 기부한 경우, 자기부담금을 뺀 4만8,000엔만큼 다음 해의 소득세나 주민세를 선납한 것으로 처리됩니다.

실질적으로 2,000엔으로 기부액의 30% 이상의 가치가 있는 상품을 받을 수 있고, 받은 답례품은 식비나 생활용품비의 절약에도 도움을 주므로 안 할 이유가 없습니다.

저는 1년에 4번 있는 라쿠텐 슈퍼세일 때에 맞춰서 기부를 하기 때문에 실질적으로 기부액이 포인트 환원으로 돌아오는 일도 있습니다. 세일 중의 '포인트 5배데이'를 노리는 것도 좋습니다.

우리 집은 한 곳의 지자체에 1만 엔 전후를 기준으로 기부합니다. 그중에서도 기부금 대비 답례품의 가치가 높은, 대용량 고기 세트를 자주 고릅니다. 요리에 쓰기 편한 다짐육이나 자투리 고기를 덤으로 받으면 더욱 좋습니다.

하지만 후루사토납세는 연 수입을 반영하여 기부금액이 정해지는 것과 기부 공제 신청 절차가 필요하기 때문에, 신경을 좀 써야합니다.

추천하는 후루사토납세 사이트

라쿠텐 후루사토납세

최대 30%의 포인트 환원.
쌓인 포인트는 사이트에서 사용할 수 있어서 라쿠텐 이용자는 이득.
https://event.rakuten.co.jp/furusato/

후루나비

최대 20%의 후루나비코인 환원.
코인은 Amazon 기프트카드나 라쿠텐 포인트,
Pay Pay등으로 교환가능.

후루사토초이스

최대 이용자수, 등록 지자체수를 가짐.
첫 기부로 최대 9%의 초이스 마일을 환원.
https://www.furusato-tax.jp/

내가 사용하는 후루사토납세사이트.
다음에는 무엇을 구매할까요?

CHAPTER 2

돈 관리 초보에서 탈출하는 기술 09

살 물건은 무조건 리스트로 작성하고, 쿠폰이나 포인트를 적극적으로 사용하기

가족 모두가 사용하는 생활용품도 가족의 수가 많거나 자주 사용하는 물건일 경우 은근히 가계에 부담을 줍니다. 그래서 생활용품비 절약을 위해 매일 사용하는 물건들의 경우 따로 목록으로 작성해 관리하는 편입니다. 이렇게 정리해 두면 중복 구매로 인한 낭비나, 잊어버리고 빠뜨리는 경우를 방지할 수 있습니다.

세제나 비누, 샴푸 등은 보통 한 달 분량 정도를 준비해 둡니다. 대용량이나 여러 개를 한꺼번에 구입하기도 하지만, 여유가 많다는 생각에 오히려 막 쓰게 되어 6개월치 분량을 1개월도 안 되어 다 써버린 적도 있습니다.

생활용품을 구입할 때는 대부분 포인트나 쿠폰을 이용합니다.

이른바 '앱테크'입니다. 인터넷으로 구입할 수 있는 상품이나 서비스의 경우, 포인트를 얻을 수 있는 사이트를 통해서 구매를 합니다. 그렇게 쌓은 포인트는 T포인트(현재는 WAON포인트)로 교환, 그것을 뒤에 설명할 '웰카츠'에 사용하여 생활용품을 구입합니다. 다양한 포인트 사이트가 있지만, 제가 주로 잘 사용하는 것은 '와라우', 이동하기만 해도 포인트가 쌓이는 '토리마', 영수증으로 포인트가 쌓이는 'ONE', 'CASHb' 등의 어플리케이션을 사용합니다.

앱테크를 시작할 무렵에는 생각한 것만큼 포인트가 쌓이지 않았습니다. 그런데 '포인트 사이트에서 포인트를 쌓는 방법'을 소개한 글을 블로그에 자세하게 써놓자 입소문이 나기 시작했습니다. 저의 블로그를 경유하여 포인트 사이트에 가입하게 되면 저와 상

생활용품 리스트. 장보기 전, 표시를 해서 가지고 나갑니다.

대방 모두 포인트를 얻을 수 있어서 이를 통해 60만 엔 상당의 포인트를 얻을 수 있었습니다.

추천하는 포인트 사이트를 발견하면 반드시 포인트 쌓는 방법에 대해 설명하는 글을 SNS 같은 곳에 올려보세요. 자신도 모르는 사이 많은 양의 포인트가 쌓이고 있을지 모릅니다. 글을 쓸 때는 링크만 걸어두지 말고, 시작하는 초보자에게 도움이 되도록 자세한 해설이 꼭 필요합니다.

이렇게 쌓은 포인트는 드럭스토어인 'welcia 약국'이나 'HAC 약국'에서 가치가 1.5배가 적용되는 '고객감사의 날'에 사용합니다. 그날은 예를 들어 5,000엔 금액의 T포인트로 7,500엔만큼 구매할 수 있습니다. 이렇게 포인트를 쌓고, 고객감사의 날에 모아 구입하는 절약 팁, 이른바 '웰카츠'◆는 근처에 드럭스토어가 있다면 사용하지 않을 이유가 없습니다. 하지만 포인트는 200포인트 이상이어야 사용할 수 있고, 사용 시 보유한 포인트를 초과한 금액은 할인에서 제외됩니다. 초과되지 않도록 계산기로 확인하면서 구입하면 좋습니다.

◆ 웰카츠 | 드럭스토어 체인점인 'welcia 약국'이나 'HAC 약국'등의 고객감사의 날을 활용하여 물건을 구입하는 방법.

돈 관리 초보에서 탈출하는 기술 10

'무지출 챌린지'와 '중고 거래'로 정리와 저축을 한 번에 노리기

제가 해보고 정말 좋았던 절약 기술 중, 아주 간단한 방법이 '무지출 챌린지'입니다. 이름대로 계획적으로 돈을 쓰지 않는 날을 정하여 바로 캘린더에 기록해 두면 끝이죠. 당연히도 챌린지를 자주 할수록 낭비는 줄어듭니다.

무지출 챌린지를 달성한 날에는 달력에 좋아하는 스티커를 붙여줍니다. 무심코 슬쩍슬쩍 사버리는 버릇이 있는 사람에게 '돈을 쓰지 않는 날'을 눈에 보이게 표시해 두면, 자신의 소비 습관을 한눈에 살펴볼 수 있게 도와줍니다.

또 다른 좋은 방법으로는 필요 없는 물건은 중고거래를 통해 판매하는 것입니다. 제가 아직 돈 때문에 고민할 시기에, 필요 없는 물건을 메루카리*등에 내놓았더니 착착 팔렸습니다. 돌이켜 생각해 보면 그때가 '물건=돈'이라는 것을 깨닫게 된 순간이었습니다. 중고거래 플랫폼에 필요 없는 물건을 팔면 그 이익금으로 필요한 것을 구입할 수 있으니 일거양득입니다.

이 외에도 자주 사용하는 중고거래 어플리케이션은 '폴렛'입니다. 매수액은 싼 편이지만 책이나 게임, DVD, 시기가 지난 연하장까지, 별별 것을 모아서 팔아줍니다. 신청하면 수거부터 판매까지 모두 이 어플리케이션으로 해결할 수 있어서, 번거롭지 않게 중고거래를 하고 싶을 경우에 추천합니다.

불필요한 물건을 돈으로 바꾸는 방법은 정리와 용돈벌이를 동시에 할 수 있어서 매력적입니다.

스티커가 하나둘 늘어가는 모습을 보는 것만으로도 "다음 달도 잘해보자!"는 마음이 생기고, 기분까지 밝아집니다.

✦ 메루카리 | 우리나라의 당근마켓이나 중고나라와 같이 일본에서 가장 인기 있는 중고거래 플랫폼의 하나.

돈 관리 초보에서 탈출하는 기술 11

적당한 포기가
절약을 지속할 수 있도록 만든다

지금까지 식비, 생활용품의 절약기술을 소개했습니다만, 반대로 '절약을 포기한 부분'도 있습니다.

예를 들면 아이들 머리를 집에서 잘라주는 것입니다. 지금은 인원이 늘어났기 때문에 자르고 난 다음, 머리카락 청소도 힘들고 초등학생도 중학생이 되면 나름 멋을 내고 싶어 하기 때문에 잘못 자르면 큰일입니다. 그리고 쌀을 씻지 않아도 되는 세척쌀은 200엔이 더 비싸지만 이 돈을 아끼지 않고 그냥 구입합니다. 시간이 없는 와중에 이 정도 금액으로 쌀을 씻는 수고를 덜 수 있다고 생각하면 싼 것입니다.

또 하나는 에어컨 켜는 것을 아까워하지 않는 것입니다. 물론 지금도 설정 온도를 여름에는 높게, 겨울에는 낮게 하고 있지만, 적정 온도가 아니면 에어컨은 원래 최상의 상태로 작동하지 않습니다.

온수주머니도 마찬가지입니다. 자기 전에 인원수만큼 물을 데워 매일 준비하는 것은 꽤 손이 많이 가는 일입니다. 이불 건조기로 바꾼 뒤에는 자기 전에 뽀송뽀송 따뜻하게 하면서 진드기 대책도 해결되는 일석이조의 효과를 누리게 되었습니다.

또 이면지를 보관하기 위해 따로 공간을 마련하는 일도 그만두었습니다. 지금은 A4 복사용지를 사용하는데, 스케치북보다 훨씬 저렴해 아이들이 맘껏 그림을 그려도 괜찮습니다. 또한 목욕한 물을 다시 세탁하는데 재활용하는 것도 그만뒀습니다. 펌프를 사보기도 했었지만 청소도 꽤 귀찮은 일이고, 곰팡이가 피기도 하니까요.

드럼 세탁기로 바꾼 뒤부터는 일반형보다 훨씬 물을 절약할 수 있어서 이 정도는 괜찮은 것 같습니다.

변동지출비는 '지속 가능한 절약'이 가장 중요하기 때문에 무리하지 말아야 합니다. 고정지출비를 조정하면서, 이미 어느 정도 절약이 이루어진 상태입니다. 시간이나 비용, 자기만족을 기준으로 판단하기보다는 그것이 정말 필요한 일인지 한 번 더 생각해 보고, 아이들의 성장과 가족 구성, 생활 방식의 변화에 맞춰 유연하게 관리해 나가는 것이 좋습니다.

> 돈 관리 초보에서 탈출하는 기술 12

아이들 경제 교육의 첫 걸음, 새해 자산 공개 회의

우리 집의 중요한 연례행사 중 하나가, 연초에 가족들이 모두 모여서 하는 자산 공개 회의입니다. 먼저, 아이들 용돈의 잔액에 대해서 10%의 이자를 줍니다. 물론 가지고 있는 돈이 많을수록 이자도 늘어납니다. 이것은 아이들이 조금이라도 투자 감각을 익히면 좋을 것 같아서 2022년부터 시작하였습니다. 다음으로, 세뱃돈을 줍니다. 이 돈을 어디에 얼마를 사용하고, 얼마를 은행에 넣을지는 스스로 생각하고 판단하게 합니다.

그다음은 우리 집의 작년도 결산과 총자산 보고회입니다. "우리 집의 총자산이 1,000만 엔을 넘었습니다!"라고 발표하면 아이들도 즐겁게 박수를 치며 서로 칭찬합니다.

마지막으로 올해의 목표액을 확인합니다. 무엇을 위해 얼마나, 언제까지 저축하려는가를 그 자리에서 가족 전원이 재확인하는 자리죠. 그리고 일 년에 한 번 있는 가족 여행에 대해 바라는 점과 예산을 대조하며 행선지를 결정합니다.

우리 집의 자산을 아이들에게 공개하면 밖에 나가서 친구들에게 이야기할 것 같아 걱정 될 수도 있습니다. 그래서 아이들에게는 "친구들에게 말하면 안 되는 내용이야"라고 말해줍니다. 돈에 대해 숨길수록 오히려 돈에 둔감해지고, 게다가 꺼림직한 이야기도 아니기 때문에 당당하게 이야기해 줍니다. 언젠가는 알아야 하는 것이니 처음부터 알고 있는 편이 미래를 위해서도 좋다고 생각하니까요.

앞으로는 아이들도 함께 가계부를 쓰게 하려고 생각합니다. 실제 수입이 어느 정도이고, 어느 정도의 지출이 있고, 쓸 수 있는 돈의 허용 범위가 어디까지인가 등 학교에서 돈에 대해서 가르쳐주지 않으니, 가정에서 꼭 교육해야 합니다. 그리고 아이들도 자신을 위해서 얼마나 사용하고 있는지 아는 것이 반드시 필요하다고 생각합니다.

아이들의 저금통. 왼쪽이 가장 많이 들어있는 첫째 아들의 것, 오른쪽은 둘째 아들(위)과 딸의 것입니다.

── 돈 관리 초보에서 탈출하는 기술 13 ──

용돈은 심부름의 대가로,
원하는 물건은 직접 설득하게 하기

우리 집에서는 아이들의 용돈을 심부름을 했을 때만 주기로 했습니다. 욕조 청소나 빨래 개키기는 한 번에 20엔. 하고 싶은 일은 입후보제로 하고, 아주 가끔 첫째와 둘째 아들이 같이 하고 싶다고 말할 때는 함께 하게 한 뒤, 보수를 사이좋게 반으로 나눠줍니다. 어떨 때는 기분에 따라 보너스를 줄 때도 가끔 있습니다. 제가 너무 바빠서 부탁조차 할 수 없는 상황에 둘째 아들이 막내를 돌봐주는 경우입니다.

솔선수범해서 도와준 것이 정말 고마웠기 때문에 "엄마한테 너무나 큰 도움이 되었어. 보너스야"라고 말하며 보너스로 50엔을 주었습니다.

만약 사고 싶은 것이 생기면, 왜 필요한지 저에게 직접 '프레젠테이션'하게 합니다. 이렇게 이유를 스스로 고민해 보는 과정을 통해 여러 각도에서 생각하는 힘을 기르는 것이 목적입니다.

그런데 제가 납득할 수 없는 경우도 있습니다. 그때는 아이들이 포기를 하거나, 다시 프레젠테이션하는 경우도 있고, 스스로 돈을 저축하여 사는 방향으로 노선을 바꾸기도 합니다. 하지만 돈을 모으는 중에 생각했던 것보다 가지고 싶었던 것이 아니라는 것을 깨닫고, 그대로 저축하는 경우도 있습니다.

어느 날 둘째 아들이 프레젠테이션에 실패하자 "할아버지에게

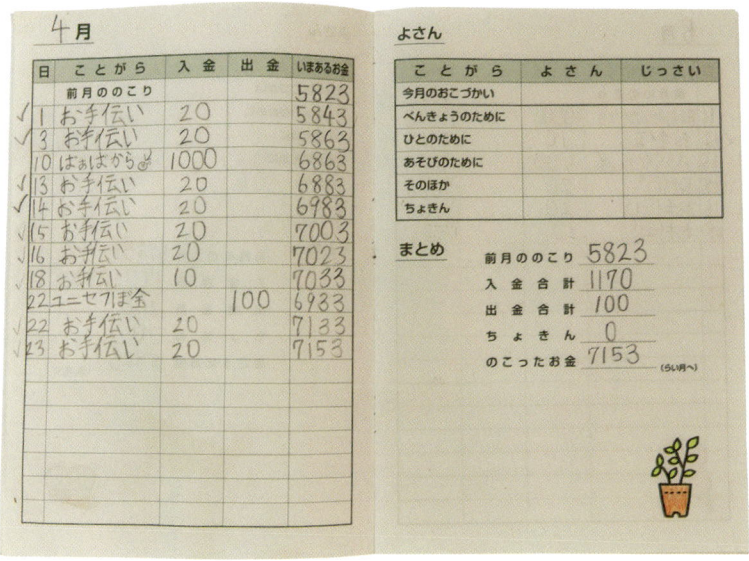

첫째 아들의 용돈기입장. 이제 슬슬 우리 집의 가계부를 함께 써보는 것을 고민 중입니다.

부탁할 거야"라고 최후의 수단을 낸 적도 있었습니다. 사실 그것도 하나의 방법이지만 썩 좋은 방향은 아니죠.

이 외에 노트처럼 꼭 필요한 물건의 경우 대부분 구입해 두지만, 항상 여분이 하나만 남았을 경우에는 미리 알려달라고 이야기합니다. "엄마는 인터넷 쇼핑에서 세일을 할 때, 게다가 날짜에 0이나 5가 붙은 날˙(라쿠텐 세일 기간)에 사고 싶으니까 미리 생각해서 알려줘"라고 이야기합니다. 그러면 아이들도 미리 준비해 두면 인터넷에서 가격이 쌀 때, 저렴하게 살 수 있다는 점을 배울 수 있고, 또 필요할 때 쓸 것이 없어서 당황하는 일도 줄어듭니다.

˙ 매월 5일, 10일, 15일, 20일, 25일, 30일에 라쿠텐 카드로 결제하면 포인트 추가 적립 혜택이 있다.

CHAPTER 2

돈 관리 초보에서 탈출하는 기술 14

튼튼한 가계를 위해
필수인 '가족 협력'

남편은 약 1년 정도, 한 주에 3,000엔으로 생활한 시기가 있었습니다. 그 시작은 은행계좌에 있던 돈을 남편이 마음대로 출금해서 월세를 두 번이나 못 낸 일 때문이었습니다. 고생해서 저축해 두었던 돈을 또 깨고 월세를 내야 했을 때는 속상해서 눈물이 멈추지 않았습니다. 그때까지는 남편의 현금카드를 빌려 쓰는 시스템이었는데, '두 번 있었던 일은 세 번도 생길 수 있다'는 생각으로 두 번째 그 일을 겪은 뒤에는 현금카드를 몰수하였습니다. 게다가 당시의 남편은 가끔 현금으로 지급되었던 보너스 5~10만 엔을 혼자서 다 써버리기도 했습니다. 용돈이 월 3만 엔이었지만, 밀린 월세도, 보너스도, 모두 술값으로 사라져 버리고 만 것입니다.

"일 이야기를 하고 있다니까?"라는 남편에게 "중요한 일 이야기를 할 때 술을 마시면서 한다는 태도를 고쳤으면 좋겠어. 술을 마시며 제대로 된 이야기를 할 수 있다는 생각도 들지 않을뿐더러 그 시간과 돈의 반만큼이라도 아이들과 보내려는 생각은 왜 하지 못해?"라고 말할 수밖에 없었죠.

지금 생각하면 남편과 제대로 대화를 하지 않고 화만 벌컥 낸 것 같습니다. 결국 남편이 망쳐버린 가계부를 내밀며 남편의 용돈을 깎는다고 이야기했습니다. 당연히 남편은 찍소리도 하지 못했습니다. 그런 이유로 1년 정도 주 3,000엔의 용돈을 받았지만 지금은 좋은 남편에, 좋은 아빠가 되었습니다. 저의 신뢰도 회복되어 용돈 또한 월 2만 엔으로 돌아왔습니다.

절약과 저축은 가족의 협력 없이는 불가능합니다. '가족은 팀'이기 때문입니다. 그리고 이런 팀을 잘 굴리기 위해서는 서로 대화하는 것이 무엇보다 중요합니다. 여러분의 가정은 어떠신가요?

아빠의 용돈도 현금 지급. 주 3,000엔에서 한 달에 2만 엔으로 승격했습니다.

Chapter 3

엄마를 해방시켜 줄 살림 시스템 만들기

무리수를 두었던 절약 레시피

Before

마구 구입한 조미료를 버렸던 쓰라림으로
서투른 살림에 정면으로 맞섰다가, 호되게 당하다

결혼 후 첫째가 태어나고, 연년생으로 둘째까지 태어나면서 2년 정도는 정말 여유 없이, 저축과 해약을 반복하였습니다. 그래서 요리를 잘하지 못하지만 조금이라도 식비를 줄이기 위해 절약 레시피를 찾아 만들었던 시기가 있었습니다.

그러던 어느 날, 무를 사용한 월남쌈 만들기 레시피에 도전하였습니다. 나름대로 맛있게 되었다고 생각했는데, 정작 남편이 귀가해 먹을 때쯤엔 음식이 다 식어 있었고, 무에서는 수분이 빠져나와 질퍽한 식감이 되어버려 맛도 한층 떨어졌습니다. 그런데 남편이 이 일을 요리를 잘하는 시어머니에게 이야기한 것 아니겠어요? 열심히 음식을 만들었지만 부끄러운 일이 되고 만 사건입니다.

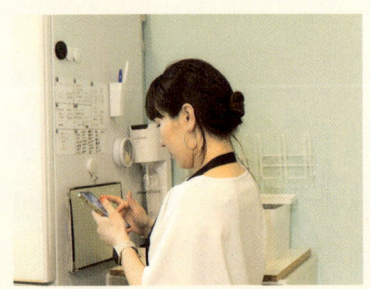

스마트폰으로 레시피 검색하는 것도 은근 시간을 빼앗깁니다. 거기다 레시피를 보면서 만드는 것도 귀찮아서 그만두었습니다.

또한 그때는 시판용 양념조미료보다 두반장이나 고추장 같은 것을 갖추고 만드는 것이 정석이라고 생각했고, 다음 요리를 만들 때도 사용할 수 있으니 경제적이라는 생각에 양념을 사 모았습니다. 하지만 원래 요리를 좋아하지 않아서 손이 많이 가는 복잡한 요리는 자주 하지 않았습니다. 결과적으로 사용하지 않은 조미료에 곰팡이가 생겨 버리고 말았죠. 절약하려던 것이 오히려 낭비가 된 꼴입니다.

그렇게 실패를 수없이 거듭하고 여러 우여곡절을 거치며 저는 요리하는 것에 너무 정성을 쏟지 않기로 했습니다. 다른 살림도 싫어하는 것은 가능하면 하지 않고, 반드시 해야 할 일은 가능한 쉽게 해결하려고 하였죠.

귀찮은 살림은 모두 그만!

After

우리 집에 꼭 맞는 살림 시스템을 만들다

매일 요리하는 것이 귀찮아서 배달 요리를 시키고 싶다고 생각한 적이 한두 번이 아닙니다. 하지만, 그럴 수 없다는 것을 너무 잘 알고 있습니다. 그러다 문득 '내가 만들 수 있는 것으로만 메뉴를 구성하면 되지 않을까?'라는 생각에서 나온 것이 바로 '루틴 메뉴표'입니다.

루틴 메뉴표는 레시피를 보지 않고 휘리릭 만들 수 있는 요리만 엄선해, 그 안에서 일주일간의 메뉴를 구성하는 방법입니다. 메뉴가 그리 많지 않지만 가족들이 이전 주에 무엇을 먹었는지 따로 기억하고 있지 않아 괜찮습니다. 그 증거로 이 시스템을 만든 뒤, 불평을 들은 적이 한 번도 없습니다. 게다가 무로 만든 월남쌈처럼 익숙하지 않은 요리를 열심히 만들었는데, 맛없다는 소리를 들어 괜히 진만 빠지는 경우도 없어집니다. 오히려 단골 메뉴인 "소송채 나물이 맛있다"고 말할 정도이니 그냥 모두가 잘 먹는 것 위주로 만드는 것이 속 편합니다.

다른 살림도 그렇습니다. 귀찮고, 하기 싫은 일을 하지 않기 위해서 어떻게 하면 좋을까 고민한 끝에 답을 찾은 것이 바로 이 책에 모아놓은 각종 노하우들입니다.

내가 편해질 수 있는 시스템으로 살림을 하니 쓸데없는 일이나 움직임은 줄어들고, 좋아하는 애니메이션을 보는 시간이 늘어나며 게다가 돈까지 모을 수 있게 되었습니다.

이 방법이 맞을 수도 있고, 그렇지 않을 수도 있겠지만, 속는 셈 치고 하나라도 시험 삼아 해보는 것은 어떨까요?

쉽게 만들 수 있는 메뉴만을 모은 루틴 메뉴표. 매일 고기나 생선, 반찬에서 아이들의 'ㅇㅇㅇ가 좋아'라는 의견도 받아 일주일간의 메뉴를 정합니다.

Check

'살림이 너무 귀찮아'를
확 끊어버리는 사고방식

매일 하는 일이니까 정말 편하게 생활할 수 있도록 고민한 방법을 공개합니다.

1

메뉴 고민하기
귀찮을 때
=

내가 만들수 있는 것만 만들면 스트레스 없이 요리를 할수있습니다.

2

빨래 정리하기
귀찮을 때
=

속옷이나 양말과 같이 구겨져도 상관없는 옷들은 따로 분리하거나 개키지 않고, 한곳에 모아둔 뒤 필요한 사람이 찾아 입게 합니다.

3

계절 옷 관리하기
귀찮을 때
=

옷 정리 시스템을 만들면 간단히 해결할수있습니다.

살림 시스템 만들기의 기술 01

'루틴 메뉴표'를 적극적으로 활용해
돈과 시간을 절약하자

매일 메뉴를 생각하는 것은 힘들고, 시간도 뺏기는 일입니다. 거기다 레시피를 찾아보면서 요리하다 보면 만드는 시간이 너무 길어져 요리에 더욱 흥미를 잃게 됩니다. 그렇다고 반찬 가게나 외식에 의존하면 가계의 부담이 커지고, 거기에 가족의 건강까지 생각하다 보면 어느새 요리를 잘하지 못하는 나를 원망하게 됩니다.

잡지를 읽다 보면 '퇴근 후 10분 만에 만드는 저녁밥 레시피'가 종종 눈에 띕니다. 하지만 저는 레시피를 읽는 것만으로 이미 10분은 걸립니다. 10분으로 무슨 요리를 만들 수 있을까를 생각하던 중, 요리를 잘하는 사람들은 레시피를 보지 않는다는 점을 알게 되었습니다.

내가 레시피를 보지 않고 만들 수 있는 요리를 정리하고 그 안에서 메뉴를 고르는 것이 바로 '루틴 메뉴표'입니다.

현재 메인 메뉴의 종류에는 닭고기 요리가 6종류, 돼지고기 요리가 8종류, 소고기 요리 5종류, 생선 요리 8종류, 이외(통조림, 어묵 등)의 요리가 6종류로 총 33가지입니다. 기본적으로 주중 3일은 고기, 2일은 생선, 하루는 이외의 메뉴에서 고릅니다. 서브 메뉴는 5~7가지를 랜덤으로 골라 주 1회 한꺼번에 장을 본 뒤, 반찬을 만들어둡니다.

마지막으로 7일째는 냉장고 파먹기의 날(p.126)로 남은 식재료로 만들 수 있는 것을 식탁에 냅니다.

'루틴 메뉴표와 급식 메뉴가 겹치면 어떻게 하나요?'와 같은 질문도 있는데, 저희는 지금 초등학교와 유치원, 어린이집 모두 급식이 달라서 거기까지 신경을 쓰지 않습니다. 점심 메뉴가 카레로 겹쳤을 때 "오늘 카레를 두 번이나 먹다니, 정말 행운이네?"라고 말하면 아이들도 오늘이 매우 특별한 날이라고 여깁니다.

영양 균형 또한 크게 신경 쓰지 않습니다. 아이들은 평일 점심, 전문 영양사가 감수한 영양 가득한 맛있는 급식을 먹습니다. 그래서 저는 너무 깊게 생각하지 않고, 가벼운 마음으로 식사를 준비합니다. 가족들이 매번 똑같은 메뉴에 불만을 가지지는 않는지 궁금해하는 사람들도 있습니다. 하지만 먹고 싶은 메뉴에 대해 가족들에게 물어도 새로운 것이 나오는 일은 거의 없습니다. 거기에 메뉴에 서서히 질릴 때쯤, 한 달에 한 번 정도 외식하는 날을 정해두었기 때문에 식사에 불만을 가지는 일은 거의 없습니다.

    루틴 메뉴표를 하지 않더라도 자신이 만들 수 있는 요리를 한 번 쭉 써보는 것만으로도 요리의 허들이 훨씬 낮아진 기분을 느낄 수 있을 테니 꼭 해보시기 바랍니다.

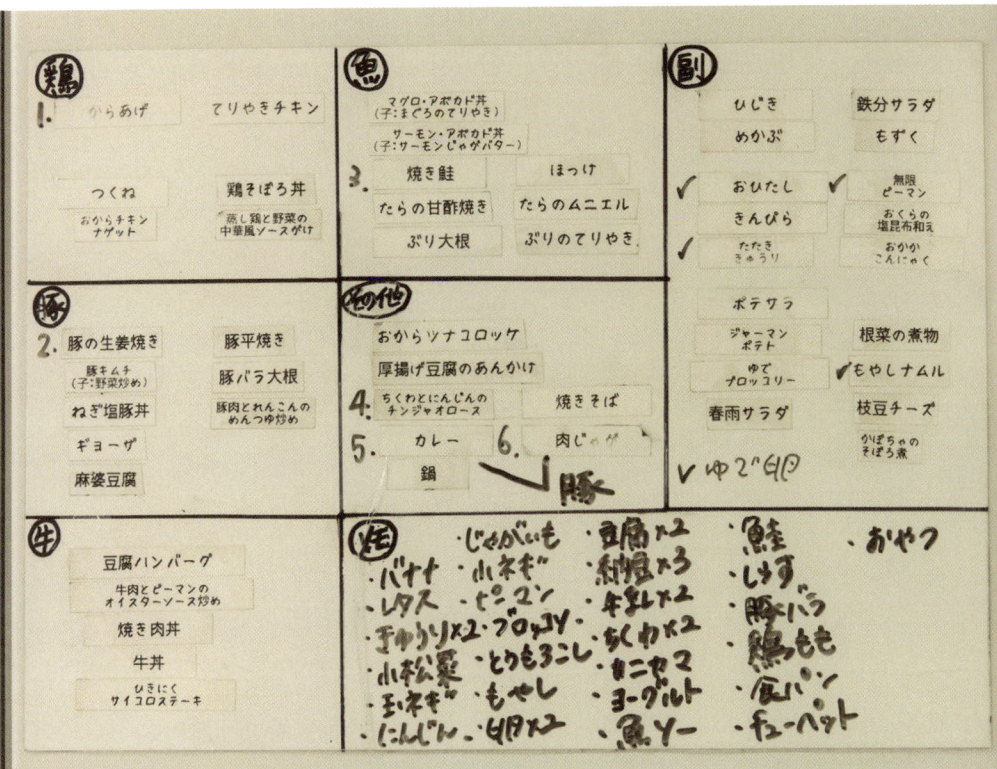

루틴 메뉴표. 건출지에 쓴 메뉴를 화이트보드에 붙이고, 일주일분의 메인 메뉴와 서브 메뉴를 골라서 번호를 마커로 씁니다.

CHAPTER 3

루틴 메뉴표를 만드는 방법

1. 레시피를 보지 않고 만들 수 있는 요리를 써본다

하나씩 쓰다 보면 의외로 만들 수 있는 메뉴가
많다는 것을 알게 됩니다.

---

2. 써놓은 메뉴에서 닭고기, 돼지고기, 소고기, 생선, 그 외 서브 메뉴로 분류한다

'이외의 다른 요리'는 두부, 어묵, 참치 통조림, 콩 제품 이외에
육류의 종류를 정할 필요가 없는 카레나 전골 등으로 분류합니다.
그리고, 견출지로 인쇄하여 화이트보드에 붙입니다.

---

3. 일주일간의 메뉴를 고른다

메뉴표 안에서 6일분의 메인과 서브 메뉴를 고릅니다.
날짜나 요일을 정하지 않고 메인 메뉴에는 번호만 매기고,
서브 메뉴에는 체크를 해두는 것이 포인트입니다.
그렇게 하면 '오늘의 메인은 3번 메뉴, 서브 메뉴는 이것을 하자'라고,
그날의 기분이나 냉장고 속 식재료에 따라 고를 수 있습니다.

---

4. 메모란에 구입할 품목을 써둔다

마지막에 번호를 붙인 메뉴에 필요한 식재료를 메모란에 써두면 끝입니다.
주 1회 한 번 장볼 때, 메모를 스마트폰으로 찍어 가면
재료를 빠뜨릴 일이 없습니다.

살림 시스템 만들기의 기술 02

장보기는 주 1회로 제한, 식재료부터 조미료까지 남기지 않고 사용하기

일주일분의 메뉴를 정하면, 식재료도 일주일에 한 번으로 해결할 수 있습니다.

   7일간 식사를 위해서 루틴 메뉴표의 메모란에 쓴 식재료만 구입하더라도 6인 가족의 일주일분은 상당한 양입니다. 장을 보러 가고, 다시 일주일분의 반찬을 만들어서 텅 빈 냉장고에 채워 넣습니다. 조미료는 자주 쓰는 것만 가지고 있기 때문에 남아서 소비기한이 지나 폐기하는 일이 없습니다. 거기다 어차피 만드는 메뉴가 정해져 있으니 사용하는 조미료도 정해져 있습니다.

   생소한 요리에 도전해 보자는 마음과 시간이 없어서 새로운 조미료가 늘어나는 일도 없습니다.

CHAPTER 3

루틴 메뉴판대로 일주일분의 장을 본 식료품들. 대용량 팩의 아이들 간식도 필수입니다.

일주일분 장보기 후, 채소 손질과 반찬 만들기를 해서 냉장고에 넣습니다.

루틴 메뉴표 마지막 날의 냉장고. 비우는 날을 정해두면 냉장고 구석에 잊고 있던 식재료를 발견하는 일도 없고, 냉장고 속을 가볍게 닦아주는 것으로 청소가 끝납니다.

조미료는 사용빈도가 높은 것만 구입합니다. 루틴 메뉴판대로 꾸려나가면 다른 조미료를 살 필요도 없습니다.

CHAPTER 3

주 1회 장보기나 루틴 메뉴표의 장점은 역시 '남기지 않고 다 먹는다'는 것입니다. 익숙하지 않은 식재료나 조미료에는 손을 대지 않고, 정해진 메뉴에 필요한 식재료만 구입하니까 남김 없이 다 먹을 수 있습니다. 식재료는 생각하는 것보다 조금 적은 양이나, 딱 맞게 준비하세요. 혹시 다른 메뉴를 먹는다거나 먹다가 모자랄지도 모른다는 불확실한 고민 때문에 식재료를 더 많이 구매하지 말기 바랍니다.

운이 좋게 사야 할 품목이 세일하는 코너에 보이면 주저하지 않고 구입하지만, 구입할 예정이 없는 것은 아무리 저렴해도 사지 마세요. 많은 팔로워들이 '일주일 동안 식재료를 보관해도 괜찮을까요?'라는 질문을 하는데, 빨리 상하는 채소나 고기는 되도록 주 초반에 먹거나 냉동해서 보관하면 됩니다. 요즘 냉장고의 성능이 워낙 훌륭하기 때문에 생선이나 채소는 일주일 정도 보관해도 큰 문제가 없습니다.

또한 '냉장고를 비우게 되면 재해가 있을 경우, 어떻게 하나요?'라는 질문도 제법 있습니다. 하지만 비상시 먹을 비상식은 따로 비축하고 있기 때문에 걱정하지 않아도 됩니다.

살림 시스템 만들기의 기술 03

'주 1회 반찬 만들기'로
돈과 시간을 모두 절약하다

아이들이 돌아오는 저녁 시간, 안 그래도 바쁠 때 잘 하지도 못하는 요리에 시간을 쏟는 것은 참 힘든 일입니다. 그래서 부엌에 서 있는 시간을 가능한 줄이기 위해 주 1회 반찬 만들기를 시작했습니다.

처음에는 요리 과정도 잘 모르고, 준비해야 될 재료의 종류와 양도 많다보니 힘들었습니다. 이때 인스타그램에서 배운 것이 바로 '식재료는 처음에 모두 잘라둔다'는 방법입니다. 그전까지는 당근과 곤약을 먼저 손질해 해조류조림을 만들고, 그다음 요리에 필요한 당근과 재료를 새로 손질해서 만들었는데, 처음부터 모든 재료를 잘라 준비한 뒤 요리를 하니 요리 과정과 시간이 훨씬 단축되었습니다.

일주일분을 한 번에 만들면 힘들지 않을까 생각할 수 있습니다. 하지만 자르거나, 데치기만 하는 것도 있습니다. 이렇게 주 1회 1시간 정도로 일주일치 반찬을 해결할 수 있다면 꽤 편리한 방법 아닐까요? 이 방법을 사용하면서 마음의 불안도 없어지고, 시판용 반찬을 사는 일도 없어져서 식비 지출도 자연스럽게 줄어들었습니다.

지금까지 이야기한 정리수납이나 가계 관리도 멀리 보는 것이 중요합니다. 생각해 보면 저는 이 반찬 만들기 덕분에 계획성이 꽤 늘었을지도 모릅니다.

서브 메뉴는 미리 만들어놓는 것도 있고, 간단하게 먹을 것은 당일에 조리하는 경우도 있습니다. 메인 메뉴인 고기나 생선은 밑간을 하거나, 전처리를 끝내 놓고, 당일 조리만 하면 됩니다. 예를 들어 연어는 굽기만 하면 되니 밑간을 한 뒤 냉장고에 넣어둡니다. 이렇게 미리 만들어놓은 반찬 덕분에 저녁밥은 아이들이 욕조에 들어간 10~20분 안에 끝낼 수 있습니다. 게다가 가족이 많으면 많을수록 준비와 정리에 많은 힘이 들기 때문에 매일 수고와 시간을 줄일 수 있는 일주일 치 반찬 만들기는 꼭 필요합니다.

구입한 식재료로 일주일분의 반찬 만들기

1. 스키야키소스를 사용한 고기감자조림(반은 조림으로, 남은 반은 다음날 카레로 만듭니다.)
2. 스키야키소스를 사용한 돼지고기생강구이(밑간 보관)
3. 스키야키소스를 사용한 닭고기튀김(밑간 보관)
4. 고추잡채풍 길쭉어묵당근볶음(밑 준비)
5. 잘라둔 실파
6. 데친 후 거품을 걷어낸 곤약
7. 데친 브로콜리
8. 삶은 계란
9. 방망이로 두들겨서 자른 오이(오이탕탕이 무침용)
10. 전자레인지에서 익힌 옥수수
11. 숙주당근오이나물
12. 소송채나물
13. 피망참치볶음

스키야키소스를 사용한 반찬 메뉴

우리 집 단골 스키야키소스를 사용한 레시피입니다.
이외에도 조합은 정말 무궁무진합니다. 자세한 레시피는 p.167에서 소개합니다.

돼지고기감자조림

분량(만들기 쉬운 분량)
- 감자(6등분 썰기) 3~4개
- 양파(얇게 썰기) 큰 것 1/2개
- 당근 1개
- 돼지고기(또는 소고기) 150g
- 곤약(큼직하게 한입 크기) 100g
- 다진 생강(튜브) 1~2cm
- 다진 마늘(튜브) 1~2cm
- 스키야키소스 3~5큰술
- 물 100ml

만드는 방법
프라이팬에 참기름(적당량)을 두르고, 가열한 다음, 고기 색이 변할 때까지 볶고, 남은 식재료를 모두 넣은 뒤 다시 가볍게 볶는다. 스키야키소스와 물, 조미료를 넣고 감자가 부드러워질 때까지 조린다.

돼지고기생강구이

분량(4인분)
- 돼지고기 200g
- 양파(얇게 썰기) 큰 것 1/2개
- 다진 생강(튜브) 5cm 정도
- 다진 마늘(튜브) 2~3cm 정도
- 스키야키소스 2~3큰술

만드는 방법
모든 재료를 비닐봉투에 넣고 흔들어 잘 섞은 뒤 냉장고에 보관한다. 먹을 때는 프라이팬에 기름을 두르고 굽는다.

> **MEMO** 식탁에 낼 때는 채 썬 양배추를 듬뿍 올리거나 숙주나물을 볶아 양을 늘려도 좋다.

닭고기튀김

분량(4인분)
- 닭 넓적다리살(큼직하게 한입 크기) 큰 것 2장
- 계란 1개
- 다진 생강(튜브) 2~3cm 정도
- 다진 마늘(튜브) 5cm 정도
- 스키야키소스 2~3큰술

만드는 방법
모든 재료를 비닐봉투에 넣어 잘 섞은 뒤 냉장고에 보관한다. 먹기 전 박력분(적당량)을 뿌려 섞고, 기름에 튀긴다.

> **상차림 예**

▲ 만들어둔 반찬을 활용한 1인분의 저녁밥은 이런 느낌입니다. 돼지고기감자조림, 브로콜리, 삶은 계란, 숙주당근오이나물, 국은 식사 때마다 만듭니다.

▲ 일주일분 반찬을 만들고 남은 식재료. 7일째는 나머지 식재료와 건조식품, 통조림으로 메뉴를 생각합니다.

◀ 반찬을 만든 후의 주방. 한 번만 고생하면 일주일이 편합니다.

CHAPTER 3

반찬 만들기의 장점

6일분의 마음과 시간의 여유가 생긴다

일주일에 한 번, 1시간 정도 노력하면 6일은 아주 간단하게 요리를 만들 수 있습니다. 반찬도 통에 든 채로 식탁에 내놓습니다. 덕분에 시간에 쫓겨 아이들에게 괜히 화풀이하는 일도 없어졌습니다.

쓸데없는 낭비를 줄인다

늦은 귀가나 바쁠 경우, 외식이나 반찬 구입에 의지하게 되는데, '집에 돌아가서 바로 전자레인지에서 돌리면 끝!' 이라는 생각이 들면 집으로 귀가하는 것이 오히려 편해집니다.

안정적인 식비를 유지할 수 있다

일주일 동안 어느 정도의 식비가 드는지 파악할 수 있어서, 과도한 지출을 줄일 수 있게 됩니다.

반찬 만들기의 단점

하루 정도는 준비 시간이 필요하다

대책

'장보는 날은 반찬 만드는 날'로 정해서 습관화하면 그렇게 힘들지는 않습니다.

식재료를 보관하기 어렵다

대책

완전히 식혀서 깨끗한 밀폐 용기에 넣고, 뚜껑의 수분을 잘 닦아서 관리합니다. 감자샐러드나 오이무침 등, 생 재료가 들어간 것은 되도록 먼저 먹으세요.

계획성이 필요하다

대책

그냥 있는 만큼 먹어버리면 반찬 만들기의 의미가 없으므로, 〈밥+국+메인 메뉴+만들어 놓은 반찬+초간단 메뉴 1가지〉등, 균형 있게 정해서 식탁에 내는 것이 좋습니다.

살림 시스템 만들기의 기술 04

요리의 레퍼토리를 넓혀주는
스키야키소스

우리 집 메인 조미료로 큰 활약을 하는 것이 '스키야키소스'입니다. 이것 하나만 있으면 맛이 어느 정도 보장이 되어 요리의 실패가 없으니, 요리에 소질이 없는 사람은 꼭 써보았으면 하는 조미료입니다.

조미료를 쓸 때 '미림 몇 큰 술'이라든가, '간장 몇 작은 술' 등, 하나하나 계량하는 것이 귀찮기도 하고 한 번에 외울 수도 없어서 결국 만드는 과정에 어려움을 느끼게 됩니다. 하지만 우리 집은 스키야키소스의 양으로 맛을 조절하기 때문에 훨씬 간편합니다. 이 멋진 조미료를 사용하면서 제가 할 수 있는 요리의 범위가 한 번에 확 늘었습니다. 여기서 그 일부를 공개합니다.

스키야키소스만 있으면 여기까지 만들 수 있다!

스키야키소스로 만드는 9가지 특급 레시피

> 덮밥

1. 3색닭고기소보로덮밥

재료(4인분) 다진 닭고기 300g, 밥 적당량, 스키야키소스 3~4큰술

만드는 방법 프라이팬에 닭고기와 소스를 넣고 불을 켠 다음, 수분이 없어질 때까지 젓가락으로 섞어가며 볶는다. 그릇에 밥을 담은 뒤 닭고기를 얹고, 취향에 따라 계란을 스크램블처럼 만들거나, 냉동 낫토 등을 얹어 마무리한다.

2. 닭고기덮밥(오야꼬동)

재료(4인분) 닭 넓적다리 살 250g, 양파 1개, 계란 2개, 밥 적당량, 스키야키소스 150ml, 물 100ml

만드는 방법 냄비에 닭고기, 양파, 소스, 물을 넣고 재료가 익을 때까지 조린다. 계란을 풀어서 위에 부은 다음, 그릇에 밥을 담고 그 위에 얹는다. 취향에 따라 실파를 올려 마무리한다.

3. 소고기덮밥(규동)

재료(4인분) 소고기(자투리) 250g, 양파 1개, 곤약 100g, 밥 적당량, 스키야키소스 150ml, 물 100ml

만드는 방법 냄비에 밥 이외의 재료를 넣고, 재료가 익을 때까지 조린다. 그릇에 밥을 담고 조린 재료를 올린다. 고춧가루는 취향에 따라 더해서 마무리한다.

> **메모** 소고기를 돼지고기로 바꾸면 돼지고기덮밥(부타동)이 됩니다.

◀ 제가 추천하는 최고의 조미료. 에바라 상표의 스키야키소스. 여러 가지 브랜드를 써보았는데, 개인적으로 이 브랜드가 가장 입맛에 맞았습니다.

> 메인 메뉴

4. 테리야키치킨

재료(4인분) 닭 넓적다리살 큰 것 2개
스키야키소스 2~3큰술

만드는 방법 닭고기에 적당량의 밀가루를 뿌린다. 프라이팬에 기름을 두르고, 껍질을 밑으로 가도록 한 다음, 맛있는 갈색이 날 때까지 굽는다. 뒤집은 뒤 뚜껑을 닫고 약 2분간 더 익힌다. 그 위에 스키야키소스를 더한 다음, 중불에서 잘 섞어 맛이 어우러지게 한다.

> 메모 닭 넓적다리살을 방어로 바꾸면, 방어 테리야키가 된다. 방어는 밀가루를 뿌리지 않고 그대로 굽는다.

5. 닭고기완자 (쯔꾸네)

재료(4인분) 다진 닭고기 300g, 연근(다진 것) 100g,
양파(다진 것) 1/2개, 빵가루 5큰술,
계란 흰자 1개 분량, 술(정종) 2큰술,
스키야키소스 5~7큰술

만드는 방법 볼에 다진 재료들을 전부 넣고 잘 섞는다. 고기 반죽을 스푼으로 떠서 기름을 두른 프라이팬에 넣고 맛있는 갈색이 날 때까지 굽는다. 고기 완자를 뒤집은 다음, 술을 넣고 뚜껑을 덮어 2~3분 정도 찌듯이 굽는다. 마지막으로 스키야키소스를 넣고 잘 섞어서 맛이 어우러지게 한다. 계란 노른자는 취향에 따라 곁들여 먹는다.

6. 삼겹살무조림

재료(4인분) 삼겹살(한입 크기) 200g, 무(은행잎썰기) 1/2개,
다진 생강(튜브) 2~3cm, 스키야키소스 3~5큰술

만드는 방법 무는 살짝 데쳐놓는다. 프라이팬에 적당량의 참기름을 넣은 뒤 가열하고, 고기가 갈색으로 익을 때까지 볶는다. 같은 프라이팬에 무를 넣고 다시 가볍게 볶은 다음, 조미료를 더하여 잘 섞어 맛이 어우러지게 한다. 취향에 따라 실파를 올려 마무리한다.

CHAPTER 3

반찬

> 2살짜리 아이부터 어른까지 모두가 먹기 때문에 맛과 간을 폭넓게 합니다. 아이들용은 연하게, 어른용은 진하게 하는 것이 좋겠지요. 남편은 강한 맛을 좋아합니다.

7. 가다랑어포후리카케

재료(4인분) 가다랑어포 10g, 스키야키소스 1~2큰술

만드는 방법 프라이팬에 모든 재료를 넣고, 수분이 없어질 때까지 볶는다.

8. 톳조림

재료(4인분) 마른 톳 10g, 당근(채썰기) 50g, 냉동풋콩 30g, 길쭉어묵(둥글게썰기) 2개, 곤약(채썰기) 50g, 스키야키소스 60ml, 물 300ml

만드는 방법 마른 톳은 물에 불려둔다. 프라이팬에 적당량의 참기름을 두르고 가열한 다음, 톳, 채소, 어묵, 곤약을 넣고 약 1분간 볶는다. 스키야키소스와 물을 넣고, 수분이 없어질 때까지 조려서 완성한다.

9. 우엉조림

재료(4인분) 우엉(어슷썰기) 100g, 당근(채썰기) 50g, 곤약(채썰기) 100g, 돼지고기 또는 소고기 100g 스키야키소스 2~3큰술, 물 100ml

만드는 방법 프라이팬에 참기름(적당량)을 넣고 고기, 채소, 곤약을 넣은 다음, 고기 색이 갈색이 될 때까지 볶는다. 스키야키소스와 물을 넣고, 수분이 없어질 때까지 조려서 완성한다.

메모 우엉은 얇게 썬 연근이나 피망으로 대체해도 좋다.

살림 시스템 만들기의 기술 05

주말 아침, 부모와 아이가 모두 편해지는 셀프 조식 시스템

저도 주말에는 조금 늦잠을 자고 싶습니다. 그래서 도입한 것이 바로 '주말 셀프 조식'입니다. 아이들이 일어나서, 배고프다고 말하면 "밥솥에 밥이 있어. 낫토나 후리카케도 있고 빵도 있으니 알아서 먹어!"라고 소리치고 다시 잠에 빠지죠.

처음에는 할 수 있는 것이 밥에 후리카케를 뿌리는 정도였지만, 최근에는 직접 베이컨이나 소시지를 잘라 굽고 거기에 조미료를 넣는 등 꽤나 발전된 모습을 보여주고 있습니다. 베이컨도 바삭바삭하게 잘 구워서 "엄마도 먹어?"하며 만들어주기도 합니다.

남편이 요리사이기도 하고, 아이들도 유치원의 조리 실습으로 요리에 흥미를 가질 무렵, 아동용 칼을 구입해서 가끔 제가 여유가 있을 때 가르쳐주기도 했습니다. 그중에서도 초등학교 3학년인 둘째 아들이 꽤 잘하는 편입니다. 평소 옆에서 저를 돕고 싶은 마음에 재료를 잘라주기도 하지요.

경제 교육과 마찬가지로 아이들이 독립할 나이가 되었을 때, 곤란하지 않도록 조금씩 요리를 가르쳐주고 싶습니다. 그 속에는 '저녁 식사에 이렇게 반찬이 올라오는 것은 엄마가 열심히 만들어주기 때문이구나'라고 생각해 주길 바라는 기대도 살짝 포함되어 있죠.

주말 셀프 조식을 하며 가장 좋았던 점은, 아이들이 스스로 만든 음식이 맛있다는 걸 느끼고, 자신이 만든 음식을 누군가 맛있게 먹어줄 때의 기쁨을 경험하며 요리의 즐거움을 알게 되었다는 것입니다. 엄마는 한결 여유로워지고, 아이들은 좋아하는 음식을 스스로 만들어 먹을 수 있으니 모두가 만족하는 좋은 시간입니다.

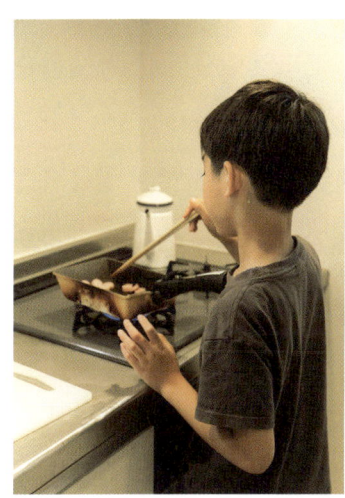

이날 둘째 아들은 씨푸드 소시지를 잘라 지긋하게 구워 맛있는 색을 내고, 마지막에 조미료도 살짝 더해 멋진 아침밥을 만들었습니다.

살림 시스템 만들기의 기술 06

요리에 서툴수록
도구는 좋은 것으로

남편과 함께 살기 시작했을 무렵, 100엔숍에서 산 식칼이면 충분하다는 저에게 요리사인 그가 '요리를 싫어하는 사람일수록 칼은 좋은 것을 쓰는 것이 좋다'며 전문 브랜드의 칼을 사준 적이 있습니다.

요리에 서툴고 흥미가 없었던 저는 '토마토는 자르는 것이 아닌 뭉개는 것'이라고 생각했습니다. 하지만, 남편이 사준 칼로 잘라보았더니 토마토가 뭉개지지 않고, 정말 깨끗하게 잘려서 깜짝 놀랐습니다. 같은 칼을 친정어머니와 언니에게도 추천할 정도였습니다.

사실, 식재료가 뭉개지거나 깔끔하게 잘리지 않으면 괜히 요리하기 더 싫어지죠. 깨끗하고 예쁘게 자를 수 있다면 조금은 요리가 재미있어지지 않을까요?

　같은 이유로, 최근에 구입한 주방용 가위도 아주 소중하게 여기고 있습니다. 카이지루시의 스테인리스로 만든 가위인 '세키마고로쿠'는 잘 잘리는 것뿐 아니라, 가위 날을 분리할 수 있어서 세척이 수월해 깨끗하게 사용할 수 있습니다. 그전까지는 식재료용과 기타 용도로 가위를 나눠 사용했지만, 깨끗하게 세척하기 어려운 데다, 녹이 슬고 날이 무뎌지는 문제가 있어 늘 고민이었습니다. 하지만 분리 세척이 가능한 가위라면 용도를 굳이 나눌 필요가 없어, 가위 하나로도 충분히 사용할 수 있습니다.

　요리에 서툴고 흥미가 없다면 조금이라도 즐겁게 요리할 수 있도록 도구에 힘을 줘보면 어떨까요?

애용하고 있는 유명한 요리용 칼은 큰 사이즈가 사용하기 좋습니다. 아래는 아동용.

살림 시스템 만들기의 기술 07

요일이나 특정 날짜를 정해
살림 루틴 만들기

요리, 청소, 빨래 등의 살림은 모두, 요일·주·월별로 루틴을 만들어서 하고 있습니다. 매일 모든 것을 완벽하게 할 수도 없고, 가능하다면 최소한의 살림으로 깨끗하게 살고 싶기 때문입니다. 그런데 여기는 언제 청소했는지, 슬슬 청소해야 되지 않을지 등 일일이 생각하다 보면 어느새 귀찮아져서 살림에 대한 의욕이 떨어지는 경우가 생깁니다. 그래서 귀찮음이 슬슬 찾아오기 전에 정해놓은 가사일을 싹 정리합니다.

우리 집은 식구가 많아서 순식간에 더러워집니다. 청소기를 매일 돌리는 것 이외에도 로봇청소기를 사용하기 위해 마루에 물건을 놓지 않거나, 먼지가 조금씩 눈에 띄면 벽에 걸어놓은 핸디형 청소기로 바로바로 깨끗이 청소하고 있습니다. 화장실은 월, 수, 금요일, 이틀에 한 번 정도 청소하고, 현관은 화장실 청소가 없는 화, 목요일에, 빗자루로 쓱 쓸어내는 정도로만 합니다. 일요일은 요 밑의 나무 받침대를 걷은 뒤 청소기를 돌리고, 칫솔이나 면도날은 새로 교환해 주는 것을 잊어버리지 않도록 매월 1일에 바꿉니다.

　이렇게 살림의 루틴을 만들어둔다면 쓸데없이 고민할 일도 없어지고, 정해진 시간에 하니까 머리 쓸 일도 없습니다. 저는 이렇게 조금이라도 살림을 편하게 하기 위해 노력하고 있습니다.

가족 침실은 매주 일요일, 요 밑의 나무 받침대를 들어내고 청소기로 먼지를 청소합니다.

우리 집 살림 루틴

매일
빨래, 청소기 돌리기

월, 수, 금요일
화장실 청소

화, 목요일
현관 청소

토요일
베개 커버 세탁

일요일
이불 커버, 모포 세탁(무엇이든 1~2장씩.
1장 단위로 교체, 대략 한 달에 한 번 세탁하는 루틴),
요 밑의 나무 받침대를 걷어서 청소

매월 1일
칫솔, 면도기의 날 교환,
바퀴약,
욕조덮개 청소

격월 1일
욕조 곰팡이방지,
훈연제◆

◆ 훈연재 | 연기를 발생시켜 공간 전체에 살균, 탈취, 해충 구제 등의 효과를 제공하며, 특히 곰팡이 제거와 해충 방제에 널리 사용된다.

CHAPTER 3

살림 시스템 만들기의 기술 08

세탁물을 각자 따로 말리지 않고 개키지도 않는 '세탁물 뷔페'

가족이 많다 보니 빨랫거리도 많아서 하루에 2번, 아침저녁으로 세탁기와 건조기를 돌립니다. 세탁이 끝나면 옷은 행거에 걸어 가족 옷장의 정해진 위치에 두고 속옷이나 파자마 등은 건조기에서 꺼내 개키지 않고 그대로 둡니다. 우리 집에서는 이것을 '세탁물 뷔페'라고 부르고 있습니다. 바쁠 때 세탁물 뷔페에서 찾아 입도록 하면, 산처럼 쌓인 빨래에서 목욕을 끝낸 아이들이 자기 파자마를 찾아 그대로 입는 시스템입니다.

　이는 빨래를 개키는 수고도 없고, 아이들도 보물찾기처럼 여겨 아주 좋아합니다. 빨래를 널고 걷는 일이 번거롭고 힘들었는데, 어느 날 세탁기가 고장 나는 바람에 건조기 겸용으로 바꾸게 되었고, 그 뒤로는 빨래를 밖에 널지 않게 되었습니다. 가끔 주름이 잘 가는 옷의 경우 기분이 내키면 따로 말리기도 하지만, 건조기를 사용할 수 없는 것은 되도록 사지 않습니다.

주말에는 토요일에 베개 커버, 일요일에는 이불 커버나 모포 등, 1~2장씩 이부자리를 꼭 세탁합니다. 예를 들어 이번 주에 요 커버를 빨았다면, 다음 주는 이불 커버, 그다음 주는 모포 세탁과 같이 루틴에 맞춰 세탁하면 대개 한 달에 한 번 정도 세탁을 하게 되죠. 이불은 토요일에 이불 건조기의 진드기 모드를 활용합니다. 겨울에는 건조기에서 막 나온 이불이 따뜻해서 덮을 때 참 기분이 좋습니다.

가족의 명물! '세탁물 뷔페'

CHAPTER 3

Chapter 4

이제는 독박육아에서 벗어날 시간

독박육아로
짜증이 한계까지

Before

자기만 생각하는 남편에게 짜증만 부리던 나날

아이들과 보내는 시간은 저에게 있어서 아주 소중합니다. 그렇지만, 둘째 아들이 태어난 뒤 딸이 태어나기까지의 4년간은 경제적으로 매우 힘든 상황이었습니다. 거기다 남편이 살림이나 육아, 어느 방면으로도 도와주지 않아서 매일매일이 전쟁과도 같았습니다. 육아가 즐겁다는 생각은 하지도 못했고, 주변에서 한 살이나 두 살이 가장 귀여울 때라는 말을 들으면 '그럼, 대신 봐주든지'라며 마음속이 꼬일 때로 꼬인 상태였습니다.

게다가 엎친 데 덮친 격으로 원래 축하해야 할 첫째 아들의 유치원 등원에 매월 5만 엔이나 든다는 사실을 알고, 깜짝 놀랐습니다.

이 무렵은 미숙한 가계 관리 때문에 저축해 놓은 것이 거의 없었습니다. 그런데 매월 5만 엔이라니. 게다가 둘째는 아직 두세 살로, 손이 많이 가서 일을 하려 해도 받아주는 곳을 찾는 것조차 어려웠습니다.

남편은 그 무렵 이미 '월세를 마음대로 쓴 사건', '보너스 쏨싹

사건'을 일으켰고, 아이들을 데리고 외출을 하거나 육아를 도와주지도 않았습니다. 게다가 휴일도 거의 없었고, 귀가도 늦어서 생활 시간조차 맞지 않는 등, 우리가 정말 가족이 맞는지 고민이 커졌습니다. 당연히 이런 상태에서는 해결책도 찾을 수 없었죠.

가족은 서로 표현하며 소통해야 한다

> After

**우리 모두의 집이니까,
서로 협력하여 우리 집만의 최적의 해결책을 찾아보자**

우선 유치원비를 마련하는 것이 최우선 과제였습니다. 그래서 일을 하기로 마음을 먹고, 둘째 아들을 맡길 수 있는 야쿠르트 레이디*로 일을 시작했습니다. 그렇게 해서 월 10만 엔을 벌었지만, 유치원비로 거의 다 사용했습니다. 그럼에도 조금씩 돈을 모으며 딸을 출산하기 바로 직전까지 일을 하였습니다.

딸을 출산하기까지 4년간은 경제적인 부분은 물론이거니와

◆ 야쿠르트 레이디 | 우리나라에서는 '야쿠르트 프레시 매니저'로 불린다. 일본의 야쿠르트 회사에서는 여성의 일과 육아의 양립을 돕기 위한 취지로 '야쿠르트 보육원' 시스템을 운영하고 있다.

혼자 감당해야 했던 독박육아로 인해 정말 괴롭고 힘든 시기였습니다. 딸 출산 후에는 바로 일을 할 수도 없었고, 연이어 둘째 아들이 유치원에 들어갔는데 수입은 모자라서 힘든 상황이었죠. 게다가 아이들이 세 명이 되니 이전에 비해 두 배 이상 육아에 매달려야 했습니다.

이대로는 가계 파산은 물론 가정까지 붕괴될 수 있다는 생각에 마침내 내가 얼마나 힘든지, 아이들에게 어떻게 대하면 좋을지에 대해 남편과 솔직한 대화를 나누게 되었습니다.

그리고 앞으로는 가계 관련을 비롯하여 집안의 모든 일에 남편의 협력 없이는 힘들다고 이야기했습니다. 그 덕에 용돈 협상도 성공하였고, 생활에 불편을 주는 남편의 개인 물건까지 정리할 수 있었습니다. 거기에 남편이 아이들을 대하는 태도도 극적으로 바뀌게 되었습니다.

가족도 말로 표현하지 않으면 모르는 일들이 많이 있습니다. 그것은 아이들에 대해서도 마찬가지입니다. 아이들이 스스로 정리를 잘 할 수 있는 시스템을 만든 뒤, 정확하게 "엄마는 지금 설거지를 하고 있으니 장난감 정리를 해주지 않을래?"라고 말하면, 아이들도 짜증을 내는 일이 줄어듭니다.

아무리 생활을 정리해도 한 사람만 노력해서는 의미가 없습니다. 가족의 생활은 가족이 함께 생각해야 합니다. 그러기 위해서 서로의 생각을 알고, 존중하고 의견을 조율하는 것이 중요합니다.

어떠한 경우라도 서로 이야기를 나누면서 가족 모두가 원하는 삶을 향해 나아가고 싶습니다. 단언하는데, '가족은 팀'입니다.

아이들과 보내는 행복한 시간. 정리와 도움 등, 모두가 협력해 주기 때문에 가질 수 있는 소중한 시간입니다.

Check

건강한 가족을 만들기 위한
3가지 조건

이제는 독박육아의 지옥에서 빠져나올 시간입니다.

1

자신의 일은
스스로 한다
=

자신이 정리해야 할 것과 준비해야 할 것에 대해서는 능동적으로 움직일 수 있는 시스템을 만들어줍니다.

2

부부의 기본은
오픈마인드
=

부부라고 하지만 사실은 자란 환경도, 생각도 전혀 다른 타인입니다. 그렇기 때문에 서로에 대해서 더 열심히 이야기해야 합니다.

3

가족은 팀임을
잊지 말기
=

나의 생각과 아이들의 의견을 서로 소통하며, 모두가 함께 노력해야 가족의 삶이 더 나아집니다.

독박육아 탈출하기의 기술 01

아이들의 안정된 독립을 위한 사전 준비

앞에서도 이야기했지만, 우리 집은 아이들에게 성인이 되면 전원 집에서 독립해야 한다고 선언했습니다.

부모가 아이들에게 해줄 수 있는 것은 스스로의 힘으로 살아갈 수 있도록 도와주는 것이라고 생각합니다. 그래서 아이가 고등학교를 졸업한 이후 어떠한 인생을 선택하더라도 집에서 익힌 생활의 기본이나 매너를 통해 혼자 생활하더라도 거뜬하도록 준비해서 독립을 시키고 싶습니다.

부모 곁을 떠나야만 할 수 있는 경험과 실패가 있고, 그것은 빨리 겪을수록 좋다고 생각합니다.

어린 나이에는 실패하더라도 '젊기 때문'에 관대하게 받아들여지는 경우가 많아, 그 경험을 바탕으로 개선하고 다시 도전하기가 훨씬 수월합니다.

아이들도 어른이 되기 전까지 '삶의 기본'을 배운다는 마음으로 준비하면, 스스로 할 수 있는 일이 점점 늘어나고, 부모가 무엇을 가르쳐야 할지 계획을 세우기도 훨씬 쉬워집니다.

지금은 아직 확 와닿지 않겠지만 평소에 살림 전반이나 생활의 지혜, 돈에 관한 지식 등, 아이들에게 지금부터 공부하자고 이야기합니다. 실제로 용돈을 심부름제로 정해서 청소와 요리를 배우거나, 연초에 남은 용돈에 이자를 붙여주는 것, 우리 집의 자산을 공개하는 것도 아이들에게 투자의 감각이나 저축의 중요성을 알게 해주고 싶기 때문입니다. 또한 혹시 흥미가 생기면 스스로 공부할 수 있도록 아이들 책장에 만화로 배우는 돈 관리 책을 살짝 놔두었습니다.

독립 시기를 미리 정해두니 아이들이 자립할 때까지의 한정된 시간을 소중하게 보내고 싶은 생각이 다시금 듭니다. 아이들도 집에서 지낼 수 있는 시간이 앞으로 몇 년 밖에 남지 않았다고 생각하니, 지금 이 순간 가족들과 무엇을 하는 것이 좋을지 고민하는 것 같습니다. 함께 보낸 시간의 길이보다 얼마나 충실하게 보내는지가 중요하다고 생각합니다.

책장에 살짝 꽂아놓은 돈에 대한 책. 가계에 흥미를 가지기 시작한 첫째 아들은 "엄마는 니사하고 있어?" "보험은 얼마를 내고 있어?" 등의 질문을 하기 시작했습니다.

그리고 아이들이 할 수 있는 것이 늘어나 저의 생활이 점점 편해진다면, 지금 당장은 조금 힘들더라도 미래를 생각해 해놓지 않을 이유가 없습니다.

그리 멀지 않은 미래의 일로, 공간이 좁아져서 이사 가야 할 때를 생각하며 같은 아파트 단지 내의 방 하나를 빌리는 방법도 검토하고 있습니다. 아이들이 고등학생 즈음 되었을 때, 자신들이 직접 생활을 꾸려보는 '자취 연습'을 시켜주는 것입니다. 그렇게 되면 집에서 독립했을 때, 적응하기도 쉬워질 테니 보내는 저도 조금 더 안심되지 않을까요?

홀로서기를 하면, 일 년에 한두 번은 집에 와도 괜찮습니다. 가끔 건강한 모습을 메신저를 통해 보여주고 그 이외에는 친구들, 결혼하면 자신의 가족과 소중한 시간을 보내면 좋겠습니다.

저는 아이들이 자신이 원하는 길을 스스로의 힘으로 헤쳐나갔으면 좋겠습니다. 그것이 부모로서 바라는 최고의 바램입니다.

독박육아 탈출하기의 기술 02

아이 스스로 할 수 있는 시스템을 만들기

아이들이 빨리 자립할 수 있도록, 어릴 때부터 자기 물건을 스스로 준비하고 관리하는 습관을 가르쳤습니다. 각자 로커에 자신이 쓰는 학용품을 정리하게 하고, DIY로 만든 서랍에는 자주 쓰는 문구류를 구분해 보관하도록 했습니다. 문구가 부족해질 때는 부모가 챙겨주는 것이 아니라, 아이가 저에게 무엇이 필요한지 알려주도록 하였습니다.

첫째, 둘째 아들은 학교에서 돌아오면 책가방을 정해진 장소에 둡니다. 아직 5살인 딸도 유치원에서 돌아오면 먼저 가방을 제자리에 두고, 빨랫감은 빨래통에, 다 먹은 도시락통은 싱크대에 가져다 두는 습관을 들였습니다.

유치원이나 학교 준비물의 경우, 유치원 때는 등원 전에 제가 준비물을 확인한 뒤, 잊어버린 것이 있으면 아이한테 준비하도록 했습니다. 하지만 초등학생이 된 이후부터는 "잊어버린 것이 없도록 확인해"라고 말할 뿐, 잊어버린 것이 있다고 해도 저는 전혀 관여하지 않습니다.

언젠가 첫째 아들이 물통을 빠뜨리고 간 적이 있었습니다. 하교 후 집에 돌아온 아이에게 어떻게 했냐고 물으니 수돗물을 마셨다고 대답하더군요. 없으면 없는 대로, 본인이 어떻게 해야 할지 스스로 생각하고 행동하는 것이 중요합니다. 판단할 수 없어서 곤란해지는 것은 본인이니까요.

잊어버리면 안 된다고 깨닫게 되면, 다음에는 절대로 빠뜨리지 않도록 나가기 전에 한 번 더 확인하려고 할 것입니다. 아이들에게는 실패와 반성 모두 값진 경험이 됩니다.

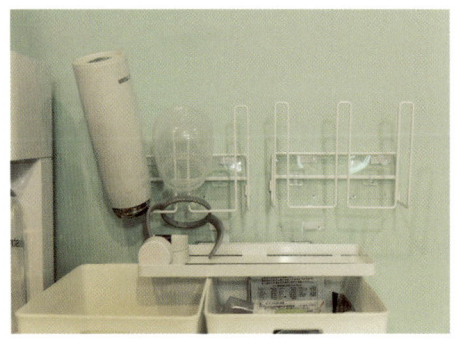

혹시 물통을 잊어버려도 임기응변으로 헤쳐나갈 힘이 붙는 기회이기도 하니까 가져다주지 않습니다.

독박육아 탈출하기의 기술 03

정리도 아이 스스로!
아이들 전용 구역에 대해서는 간섭하지 않기

아이들에게 본인 주변의 일과 마찬가지로 각자의 물건도 스스로 잘 관리할 수 있도록 알려줍니다. 아이들 한 사람 한 사람 전용 구역을 만들어 각자가 소지한 물건을 정리하도록 한 것도 그러한 이유에서입니다. 일정 공간을 자신의 것으로 의식하면, 자연스럽게 애착을 갖게 됩니다.

아이들에게 자신의 공간을 정리하도록 시킬 때도 제가 정리할 때의 기준과 같이, 물건의 필요-불필요에 대해 생각하게 합니다.

장난감을 수납 장소에 적정량 넣을 수 있도록 고르게 하는 이유도, 아이들 스스로 물건의 필요성에 대해 고민하게 하고 싶기 때문입니다.

> 정리 시간 이외에는 어질러도 괜찮습니다. 그렇지만 '할 때는 한다'는 원칙은 꼭 지킵니다.

　새로운 것이 하나 생기면 가지고 있는 것 중 하나를 버린다는 원칙을 지키기 위해, 새로운 물건이 들어오면 무엇을 버리는 게 좋을지 반드시 묻습니다. 그리고 남기기로 결정한 물건에 대해서는 왜 그 물건을 남기고 싶은지 질문을 하여 물건을 제대로 마주 보게 하려고 합니다.

　장난감을 정리하는 타이밍은 휴일일 경우, 점심 전과 자기 전으로 보통 하루에 2번 정도이고, 평일에는 자기 전까지 반드시 정리하게 합니다.

　외출 시에는, 모두에게 정리를 하게 합니다. 말을 할 때는 갑자기 정리하라고 할 경우 "아, 지금 한창 재밌는데"라고 불평을 하기 때문에 살짝 시간을 나누어 부릅니다. "지금 8시 반이니까 45분까지 정리하자" "지금 40분이야"라고 사이사이 알려주면 갑자기 말할 때보다는 좀 더 수월히 정리를 합니다.

첫째, 둘째 아들이 어릴 때는 마치 게임처럼 "자, 정리 시작! 큰 것을 정리하면 100만 포인트를 줄 거야!" "빨리하면 5,000만 포인트!"와 같이 포인트제 정리 방법이 꽤 인기 있었습니다.

포인트가 쌓여도 아무런 포상은 없지만, 아이들은 앞다투어 정리를 하였습니다. 다만 이러한 방법은 유치원 때까지만 쓸 수 있었습니다.

독박육아 탈출하기의 기술 04

스마트폰 알람을 활용한 가족 스케줄 관리법

네 명의 아이들은 현재 초등학교, 유치원, 어린이집을 각각 다니고 있습니다. 아이들의 일정은 연간 일정이 공지된 시점에서 1년 치를 모두 스마트폰이나 태블릿PC의 기본 설정에 있는 캘린더 어플리케이션에 입력해 둡니다. 그렇게 하지 않으면 바로 잊어버리거나, 어린이집과 학교의 참관일이 겹치는 경우 남편과 스케줄을 조정해야 하기 때문에 필수적인 작업입니다.

매주 가는 아이들의 학원 시간도 캘린더에 꼭 적어놓고, 알람도 설정해 둡니다. 전에 한 번 첫째 아들의 학원 시간을 빠뜨린 것을 자기 직전 깨달은 적이 있기 때문입니다.

또한 딸이 다니는 유치원 버스의 도착 시간도 알람 설정해 둡니다. 사실, 딸의 마중 시간을 잊어버려 선생님한테서 전화가 온 적이 몇 번 있었거든요. 그날 이후, 저녁 시간에 알람이 울릴 때마다 이번에는 무슨 알람일지 몰라 가슴이 두근거리지만 대신 학원 출석이나 하교 마중을 깜빡하는 일은 없게 되었습니다.

학원은 학습적인 부분과 건강적인 면 모두 도움이 됐으면 해서, 보습학원에서 하나, 운동 쪽에서 하나로 1인당 2개까지 정했습니다. 솔직히 네 명이나 되어 꽤 부담이 되는 금액에 허리가 휘지만, 아이들이 열심히 하고자 하는 마음과 그 과정을 존중해 주고 싶습니다. 게다가 아이들이 하고 싶다고 말한 것은 최대한 지원해 주고자 하는 점은 저희 부부 모두가 동의한 것이기 때문에, 열심히 일을 하는 중요한 원동력이기도 합니다.

무엇을 하고 싶은지는 유치원을 졸업할 때, 서로 이야기해서 결정합니다.

첫째 아들은 유치원 때 다녔던 학원 대신 다른 것을 하고 싶다고 말해서 여러 학원을 둘러보았습니다. 그중에서 배우고 싶다고 한 것이 '구몬학습'입니다. 산수 공부에 재미를 붙였는지 지금도 즐겁게 다니고 있습니다.

한편 둘째 아들도 유치원을 졸업할 때 어떻게 하는 게 좋을지 묻자 원래 다니던 학원을 좀 더 하고 싶다고 말해서 지금도 계속하고 있습니다.

수업시간표나 급식표 등은 아이들 각각의 게시판에서 관리합니다. 첫째와 둘째 아들은 수업 시간을 확인하기 위해 사용하고, 딸이 "오늘은 유치원에서 무엇을 하지?"라고 물어보면 "오늘은 그림 그리기 날이네"라고 알려주기도 합니다. 이렇게 아이들과 대화의 창구가 되어줍니다.

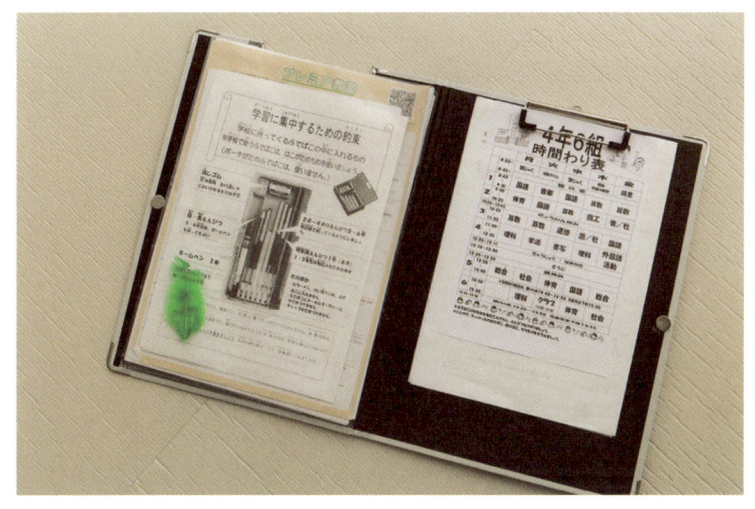

아이들이 스스로 시간 관리를 할 수 있도록 만든 각각의 1인용 게시판. 왼쪽에는 클리어 파일을 붙여서 프린트도 끼워 넣을 수 있습니다.

첫째 아들의 수영 세트. 예체능 학원은 본인이 배우고 싶은 것으로 정합니다.

독박육아 탈출하기의 기술 05

아이들에게 가장 키워주고 싶은 '스스로 생각하는 힘'

빚을 지고, 어떻게 정리해야 하는지도 모르며 살았던 저이기 때문에 아이들은 일찌감치 스스로 생각하는 힘을 길러, 자신의 행동에 책임을 지는 어른이 되었으면 하는 바람이 있습니다.

그래서 무슨 일이 있을 때마다 어떻게 해야 할지 알려주는 것이 아닌, '엄마는 이렇게 생각하는데'라고 표현하고자 합니다. 저의 생각이나 행동이 맞는지는 잘 모르겠지만, 명령이 아닌 소통을 통해 함께 배우고 성장하며 그 과정에서 아이들도 무언가 깨닫길 바라기 때문입니다.

아이들에게 길러 주고 싶은 힘

1. 스스로 찾아보는 습관

"이게 뭐야?"라고 물어오면, "엄마가 알려줄 수도 있지만, 사전을 찾아서 직접 알아보면 어떨까?"라며 찾는 방법을 가르쳐줍니다.

누군가에게 바로 답을 듣고 해결하는 것이 아니라, 스스로 찾아보는 습관을 가지길 바라기 때문입니다. 스스로 찾아보고 읽는 것이야말로 진짜 자기 것이 되니까요.

2. 자신의 머리로 생각하는 힘

근육 트레이닝과 마찬가지로 뇌도 단련하지 않으면 자라지 않습니다. 세상은 정답이 없는 일들로 가득하기 때문에 아이 스스로 고민하고 생각해서 답을 찾아나갔으면 합니다. 그저 다른 사람의 의견에 기대어 쉽게 답을 구하거나, 남에게 들은 것을 소화도 못하고 그대로 받아들여서 생각할 기회를 잃지 않았으면 좋겠습니다.

게다가 부모나 선생님이 말한 것이 꼭 정답은 아닐 수 있습니다. 그동안 진실이라고 알고 있었던 것이나 당연시 되던 상식이 어느 날 변할 때도 있기 때문에 스스로 꾸준히 지식을 쌓으려는 노력이 필요합니다.

가족여행은 그때의 체험뿐 아니라, 시간이 흐르면 즐거웠던 시간을 되돌아보며 아이들과 대화의 소재가 되기도 합니다.

3. 다각적인 시선

아이가 "2층이 있는 넓은 집이 부럽다"고 해서, "2층은 없지만, 이렇게 거실에 모두 모여 함께 있는 시간이 엄마는 행복한데?"라고 이야기한 적이 있습니다. 이런 대화야말로 아이의 긍정적인 면모를 키워줄 수 있지 않을까요? 성급한 일반화나 고정관념에 얽매이지 않고 자기 나름의 가치관을 통해 스스로가 생각하는 정답을 발견하는 힘을 길렀으면 좋겠습니다.

4. 부족한 대로 살아가는 지혜

'이게 없으면 할 수 없어'가 아닌, '이것이 없지만, 다른 것으로 할 수 있을 것 같아'라는 생각의 전환이 중요합니다. 그런 관점을 가지고 있으면 물건이 늘어나는 일도 없습니다.

5. 물건보다 경험

아이에게 물건보다 체험에 돈을 쓰는 가치관을 길러주고 싶습니다. "엄마는 매년 한 번 가는 여행을 기대하고 있고, 그때만은 아무것도 생각하지 않고 즐겁게 보내기 위해 매일 열심히 절약하고 있는데, 어떻게 생각해?"라고 물으면, 아이도 바로 납득해 줍니다.

6. 깊은 사고력

이전에도 이야기했지만, 가지고 싶은 물건이 있을 때는 '부모가 왜 이것을 사줘야 하는지' 설득하는 프레젠테이션을 하게 합니다. 그 결과, 용돈을 저축해서 사는 것을 선택할 수도 있고, 가지고 있는 것으로 대체할 수는 없는지 고민하기도 합니다.

잘 생각해 보지 않고 바로 덤비거나 타인의 가치관에 휘둘리지 않고, 스스로 생각하고 고민하여 가치를 발견할 수 있는 힘을 키우면 좋겠습니다.

7. 냉정한 또 한 사람의 나

무언가를 결단할 때는 항상 '이것이 괜찮을까?'라고 질문하는 냉정한 또 한 사람의 나를 머릿속에 키웠으면 합니다. 그러면 감정에 이끌려 충동적으로 물건을 사는 일도, 무언가에 지나치게 집착하는 일도 없어집니다. 제가 스스로를 자제하지 못하여 고생을 했기 때문에, 냉정하게 자신을 바라볼 수 있는 습관을 가지기를 바랍니다.

8. 실패에서 배우는 힘

실패하거나 틀려도 좋습니다. 인생은 도전과 실패입니다. 하지만 실패를 그저 '실패한 경험'으로만 남긴다거나 틀린 것에서 무엇을 배우지 못한다면 너무 아쉬운 일입니다. 그래서 저는 아이들에게 늘 "이번 실패를 통해 무엇을 배웠어?"라고 물어봅니다. 그럼 십중팔구 아이들은 "그래도 재미있는 부분이 있었어"라고 이야기합니다. 이처럼 자신이 한 경험을 잘 분석하고 이후에 어떻게 하면 좋을지에 대해서 고민하는 것이 중요하다는 것을 알게 되면 좋겠습니다.

그림을 좋아하는 첫째 아들은 '커서 만화가 가 될 거야'라고 합니다. 그렇게 되기 위해 많은 지식과 경험을 늘려갔으면 합니다.

독박육아 탈출하기의 기술 06

사랑하는 아이를
올바르게 키우기 위한 교육법

저의 작고 작은 마음 때문에 아이들에게 가끔 불합리하게 화를 낸 뒤 미안해하는 경우가 있습니다. 하지만, 아이를 사랑한다는 마음은 항상 전하고 있습니다. 여전히 반성만 하는 부족한 엄마지만, 그래도 열심히 마음을 쓰는 것이 있습니다.

1. 최소 하루에 한 번은 반드시 '사랑해'를 표현한다

아무리 내 아이들이라 해도 생각하는 것을 말하지 않으면 마음이 전해지지 않습니다. 그냥 알아서 전해질 것이라고 생각하는 것은 그저 부모의 태만일 뿐입니다. 그래서 항상 "엄마는 정말 행복한 사람이야"라고 표현합니다. 일본에서는 말을 아끼고 미루어

짐작하게 하는 것이 미덕이라지만, 가끔은 솔직하게 "정말 좋다"고 말해주는 편이 훨씬 더 기분 좋게 다가오죠. 그래서 앞으로도 솔직하게 많이 사랑한다고 자주 말해주려 합니다. "이렇게 귀여운 아이들 4명에 둘러싸여 있어서 엄마는 세상에서 제일 행복한 사람이야!"

2. '형이니까, 언니니까'라고 말하지 않는다

스스로 원해서 형이나 언니로 태어난 것이 아닌데 무작정 양보하라는 것은 아이에게 불합리한 일입니다. 표현하고 싶을 때는 "네가 어렸을 때 윗사람이 친절하게 배려해 준 만큼 이번에는 너보다 어린 동생들을 배려해 주면 어떨까?"라고 이야기합니다.

3. 결과가 아닌 과정을 칭찬한다

예를 들어 시험에서 100점을 맞은 것보다 100점을 맞기 위해 매일 숙제와 복습을 열심히 하는 것에 대해 칭찬합니다. 작심삼일이라는 말도 있듯이 꾸준히 지속하는 것은 어렵지만, 반대로 꾸준히 계속하는 사람이야말로 진짜 강한 사람이라는 것을 깨달았으면합니다. 그리고 다른 사람에 대해서도 결과만 보고 판단하지 말고, '결과를 내기 위해서 많은 노력을 해왔구나'까지 생각할 수 있는 사람이 되었으면 합니다.

4. '빨리해'가 아닌 '언제 해?'

'빨리해'라고 다그치는 것이 아닌, '언제 할 거야?'라고 물으면 아이들은 자신의 일을 언제까지 해야 할지 스스로 결정합니다. 이런 습관을 통해 판단력을 기를 수 있죠. 매일 옷을 고르는 것도 그렇습니다. 오늘은 반팔을 입을지 아니면 긴소매를 입을지와 같이 무엇을 입고 갈지도 스스로 정합니다. 만약 반팔을 입고 학교에 갔더니 추웠다면, 내일은 일기예보를 찾아보고 겉옷을 들고 가자고 생각하게 되겠지요. 많은 것을 스스로 판단하다 보면 세상의 돌발 상황에 스스로 대처하는 법도 배우게 되지 않을까요.

5. 올바른 문장으로 말하게 하기

"엄마, 우유"라고 말하면, "엄마는 우유가 아니라니까?"라고 말하며 주지 않습니다. 그러면 딸도 "목이 마르니까 우유를 주세요"라고 올바른 문장으로 고쳐서 말합니다. 저와 남편이 같은 음식점에서 일을 했을 때, 가끔 그냥 "물"이라고만 말하는 무례한 손님이 있었습니다. 매너에 있어서도 그렇지만, 제가 들어서 기분이 좋지 않았던 말과 태도는 아이들도 그렇게 하지 않았으면 합니다.

6. '고마워' 뒤에 한마디 덧붙여 말한다

도움을 받거나, 부탁을 들어주었을 때는 감사와 동시에 저의 마음을 담아 "고마워. 너희들 덕분에 엄마가 무사히 끝낼 수 있었어"라고 반드시 말합니다. '고마워'에 한마디 덧붙여 말하면 아이들이 느끼는 것도 다른 것 같습니다.

7. 자신의 생각을 강요하지 않는다

아이들이 저에게 의견을 물을 때는 반드시 어미에 "~라고 엄마는 생각해"를 붙여서 말합니다. 저의 생각이나 의견을 강요하고 싶지 않고, 그것이 절대적이지도 않습니다. 그래서 오히려 초등학생인 첫째와 둘째 아들에게 어떻게 생각하는지 반대로 물어보기도 합니다.

아이들 교육에 정답은 없습니다. 다만 자신이 옳다고 생각하는 것을 지속해 나가는 것일 뿐입니다.

독박육아 탈출하기의 기술 07

'머릿속의 남편'은 쫓아내고
'진짜 남편'과 마주하다

이 책의 처음에도 나오지만, 두 아이와 독박육아에 이러지도 저러지도 못했던 암울한 4년간 저는 항상 스스로 만들어낸 '머릿속의 남편'과 싸웠습니다. 이야기해도 어차피 안 될 것이라고 마음대로 생각하고, 그렇게 스트레스만 쌓이는 악순환에 빠졌죠. 남편이 협력해 주지 않는다며 한탄했던 저는, 긴 시간 동안 눈앞의 남편과 대화하는 것을 피했습니다. 어쩌면 제가 힘들다는 것을 알아서 알아달라는 어리광이었는지도 모릅니다.

하지만 아무리 친밀한 관계라도 생각하는 것을 말로 이야기하지 않으면 그 사람이 무엇을 생각하고 있는지 알 수 없습니다. 눈앞의 남편과 겨우 마주 보고 용돈 협상을 비롯하여 수집품을 놓을 자리, 독박육아의 한계 등, 힘든 일을 터놓고 의논하면서 많은 일들이 비로소 정리되기 시작했습니다.

물론, 모든 문제가 완전히 해결된 것은 아닙니다. 하지만 적어도 지금은 가사나 육아가 저의 한계를 넘을 것 같으면 솔직하게 SOS를 요청하고, 남편도 적극적으로 대응해 줍니다.

이제는 "그렇게 말하면 정말 화가 나"처럼 싫은 감정을 솔직하게 표현하게 되었고, 예전처럼 아무 말 없이 뚱한 표정으로 화를 내는 일도 사라졌습니다. 반대로 남편이 가끔 정장을 입고 일을 나갈 때는 정말 멋있다고 표현하고, 아이들에게도 "아빠 진짜 멋있지?"라고 이야기합니다. 무엇을 생각하던 중요한 것은 서로 이야기를 나누는 것이 중요하다는 것을 지금은 잘 알고 있습니다.

의사소통의 중요함을 깨닫게 되면서 몇 달에 한 번, 저희 부부는 카페에서 데이트를 즐깁니다. 앞으로도 머릿속의 이상적인 남편상은 내려놓고, 생각을 말로 잘 전하며 지금 내 옆에 있는 남편과 함께 가족의 건강한 삶을 꾸려나가고 싶습니다.

에필로그

이 책을 마지막까지 읽어주셔서 고맙습니다.

저의 부모님은 두 분 모두 은행원이었습니다. 성실하고 검소한 부모 밑에서 자랐음에도 저는 있으면 있는 만큼 써버리는 솔로 시절을 보냈습니다. 신용카드 연체로 직장으로 전화가 걸려 온 일도 여러 번 있었고, 그 덕에 블랙리스트에 들어가기까지 했습니다.

머릿속은 온통 돈에 대한 걱정으로 꽉 차있었고, 돈 때문에 고민이 끊이지 않았습니다.

이 책을 만나게 된 분들 중에는 진심으로 자신의 가계와 마주보고, 삶을 바뀌고 싶어하는 분들이 많을 것이라 생각됩니다. 수많은 실패를 반복하고, 돈에 휘둘려 온 제가 말할 수 있는 것은 단 하나입니다.

"괜찮아. 반드시 할 수 있어."

우리는 가사와 육아, 일까지 매일 정말 열심히 하고 있습니다. 하지만, 만약 조금 못한다 해도 스스로를 부정하지 않았으면 좋겠습니다.

이 책에는 너무 손쉽다고 생각되는 아이디어도 있을 것입니다. 하지만 그 정도만 해도 괜찮습니다. 100점이 아닌 50점만 맞아도 충분합니다. 그리고 이 50점이 당신이 생각하는 이상적인 생활을 향한 첫걸음에 도움이 되었다면 저에게는 더할 나위 없는 기쁨입니다. '이 사람도 할 수 있는데, 나도 할 수 있어'라고 스스로에게 동기부여를 하는 것도 좋고, 아무리 노력해도 좀처럼 잘 안 될 때, 환기를 시켜주는 용도로도 좋습니다. 수납 방법을 따라 할 때, 도움이 되어도 좋고요.

책을 읽은 시간과 책값의 본전도 뽑을 겸 이 책을 꼭 활용해 주세요. 우리 집도 아직 갈 길이 멀지만, 가족 모두가 매일 함께 싸우는 동지입니다. 그러니 함께 힘을 내어봅시다.

마지막으로, 인스타그램과 블로그를 통해 응원해 주신 여러분, 그리고 항상 저를 지지해 주는 가족에게 고마움을 담아 전하고 싶습니다.

직접 말하는 것이 쑥스럽지만, 저는 제 곁의 사람들에게 많은 사랑을 받고 있습니다.

항상 고맙습니다! 모두 모두 사랑해!

일본어판 스태프

디자인 시바타 유스케, 요시모토 호바나, 미카미 하야토(soda design)

촬영 후세 아유미

그림 나오미

집필협력/편집 마치다 가오루

교정 문자공방 산코

편집 이시자카 아냐노(KADOKAWA)

우리 집에 꼭 맞는 정리 시스템 만들기

1억이 모이는 살림법

1판 1쇄 인쇄 2025년 6월 18일
1판 1쇄 발행 2025년 7월 2일

지은이 나고미
옮긴이 이진숙
펴낸이 고병욱

기획편집2실장 김순란 **책임편집** 권민성 **기획편집** 조상희 김지수
마케팅 황혜리 황예린 권묘정 이보슬 **디자인** 공희 백은주
제작 김기창 **관리** 주동은 **총무** 노재경 송민진 서대원

펴낸곳 청림출판(주)
등록 제2023-000081호

본사 04799 서울시 성동구 아차산로17길 49 1010호 청림출판(주)
제2사옥 10881 경기도 파주시 회동길 173 청림아트스페이스
전화 02-546-4341 **팩스** 02-546-8053

홈페이지 www.chungrim.com **이메일** life@chungrim.com
인스타그램 @ch_daily_mom **블로그** blog.naver.com/chungrimlife
페이스북 www.facebook.com/chungrimlife

ISBN 979-11-93842-37-9 13590

※ 이 책은 저작권법에 따라 보호를 받는 저작물이므로 무단 전재와 무단 복제를 금합니다.
※ 책값은 뒤표지에 있습니다. 잘못된 책은 구입하신 서점에서 바꾸어 드립니다.
※ 청림Life는 청림출판(주)의 논픽션·실용도서 전문 브랜드입니다.